本书出版获得国家自然科学基金项目资助

批准项目号 71363060

# 企业价值观体系的构建

**兼评中国企业 500 强**

BUILDING OF
CORPORATE VALUES AND REVIEW OF
CHINESE TOP 500 CORPORATES

张　强／著

社会科学文献出版社
SOCIAL SCIENCES ACADEMIC PRESS (CHINA)

# 目 录

# 前　言

　　企业价值观是企业的奢侈品。当我们还是一穷二白的时候，物质比精神重要，这是务实的中国人的特点。在中国饱受西方列强凌辱、穷富都没有尊严的 100 多年前，一群有梦想（也可以说有愿景）和使命感的年轻人进行过艰苦的努力，最后终于带领广大无产阶级建立了中华人民共和国。尽管当时我们在物质上仍然是一穷二白，但我们是有精神的，有尊严的。"仓廪实而知礼节"。笔者的观点是，在物质世界里，富人可以有自己的修养和气质，穷人也应该有做人的底线和气节。笔者赞同太平洋建设集团创始人严介和先生的观点："富也罢，穷也罢，幸福不靠金钱架。豪华恬淡各千秋，富者辉煌，穷也清雅。"既然在物质世界有穷和富的划分，同样，在精神世界里，也有丰富和贫瘠的区别，甚至是高尚和庸俗的区别。企业能够做大做强，已经来之不易、众人向往，如果没有形成鲜明的文化或价值观，则富而不贵。如果企业做大做强，精神气质不俗，社会责任意识强烈，则既富又贵，受人敬仰。

　　企业价值观的问题不是科学问题，因此不要用"求真"的态度去追求，但是要用"求善"和"求美"的态度去塑造。企业如果已经做到了依法经营、诚实纳税，还要用"善"和"美"的道德规范去苛求，是不是为难它们了？肯定不是。就像人，遵纪守法是为人的底线，求善求美才是为人的追求。当然，求善求美永无止境，何为标准？既然不是科学问题，就无标准可言。求善求美，一定是"有"比"没有"好，多多益善，止于至善。

改革开放以来，中国经济高速发展，企业物质财富也空前繁荣。在曾经被誉为"中国企业梦"的世界500强中，中国企业正不断刷新纪录。其实，"世界500强"的英文并无"强"之文字，是最先引入的翻译者翻译为"强"。笔者认为，将"Fortune Global 500"译为"财富全球500公司"才更符合原意。而且《财富》杂志也是根据营业额来评选世界上最大的500家公司。除此之外，同样推出500强排名的还有美国的《商业周刊》、《福布斯》和英国的《金融时报》等杂志。除了收入，这些杂志还按利润、市值或资产等对各国企业排序。我们常说的要做大做强，按照我们的逻辑，是先做大再做强。因此，中国企业目前最看重的就是按照营业收入排名的《财富》世界500强。严格说，这更符合"大"的概念。除了大，市值和利润均有不俗表现，500强才是实至名归。现在的"中国500强"也搞得风生水起，而且有很多种类型。为考察中国这些已经富起来的企业是否"有精神、有修养"，笔者选取由中国企业联合会和中国企业家协会联合发布的2017年度中国企业500强榜单中的部分企业，利用它们在官网上展示的关于企业文化的相关信息，分析企业的价值观。如前所述，这些已经做大的企业在精神素质上也是瑕瑜杂陈，有不少企业甚至连网站都没有。2015年时有12家企业没有网站，对这些企业我们无法评价。有些企业虽然有官网，但没有企业文化栏目或企业理念栏目。尽管有些企业家会在领导致辞中有类似"企业坚持开拓创新的理念"的言辞，但未形成价值观。让笔者欣喜的是，有不少企业的价值观吸取了中国传统文化的智慧，呈现古色古香的中式风格（第六章），有些企业高举企业精神，继承和发扬中国的人文精神和企业精神（第七章）。

研究中国企业 500 强的企业价值观，是一个与这些企业的创始人或主要领导默默交流的过程。每次打开这些企业的网站，看到企业倡导的价值观，最先浮现在脑海里的是一个个鲜活的企业家的形象。通过企业价值观的展示，笔者看到有比较安静的企业家，有喜欢热闹的领导，有"腹有诗书气自华"的儒商，有侃侃而谈的创业者。笔者不完全赞同"企业文化是老板文化"的观点，笔者希望企业的价值观是全体员工共同拥有的价值理念，但是，每次与这些企业家默默交流，笔者更多感受到的还是他们在向员工进行说教。海尔集团首席执行官张瑞敏说过，他在企业里角色就像"牧师"。

笔者从 2015 年开始研究中国企业 500 强的价值观体系。除了每年都有一些企业离开、一些新的企业进入 500 强名单，从总体来看，企业价值观的建设是逐年向好的方向发展。没有网站的建起网站，有网站但没有企业文化栏目的现在也有了企业文化栏目，有企业文化栏目但没有价值观体系的（栏目内容是企业新闻、职工活动等），最近两年也总结出企业价值观体系，如 2016~2017 年，很多企业的《企业文化手册》制作完成。当然，也有曾经有企业理念后来又把它们删掉的（如重庆力帆集团），但删掉的毕竟是少数。有的企业在不断完善价值观，比如百度公司新增的"百度论语"、海航集团的"同仁共勉"。但也有公司一成不变，如联想集团和海尔集团。价值观不是科学问题，无法评判孰对孰错。山东京博控股集团的价值观体系在2017年出现大面积的替换。从内容来讲，语言改成现代汉语，笔者是赞同的，但从风格来讲，笔者又非常遗憾，本来是一个完整的中式风格的价值观体系（中国企业500强中的唯一），被改成一个充满现代气息的体系（网页上还有"京博家风"的遗迹，其他用文言文书写的"家道""家德""家法""家业"等内容已经不知去向）。这种改变对企业而言可能是好事，从学术研究来讲，则像是一个濒危物种彻底消失了。本书收集的企业价值观内容主要来自2017年中国企业500强的官方网站，时间集中在2017年10~11月。由于企业在不断更新网站数据，因此，本书所选用的材料只反映了企业在发展过程中的一个时期对企业价值观的认识。随着时间的推移，企业会越来越重视企业价值观的建设，建设的质量也一定会越来越高。但是，企业网站毕竟只是企业宣传的一扇窗口。很多企业可能企业文化建设较早，价值观已经深入人心，但并没有把建设成果放到网站里展示；有些企业则是最近两年才启动文化建设，把刚刚制作完成的精美《企业文化手册》或《理念识别系统》挂上网站。能够进入中国企业500强的企业，尤其是经过几十年艰苦创业的民营企业，他们的艰辛可想而知。如果创业者没有一些"一不怕苦二不怕死""敢为人先"的精神，企业就不会有现在的成就。"立功、立德、立言"，被誉为传统中国文化里的"三不朽"，其实也影响了当下很多企业家。新华联集团的傅军说："人生的最高境界就是建功立业。"中国企业500强的企业家们已经"立"功，接下来就是"立德"和"立言"。

企业管理是非常复杂的人类活动。有些企业靠政策吃饭，管理就相对简单，或者说不太重要，比如大多数国有企业。有些企业靠垄断经营，管理也不重要。大汉控股的傅胜龙说过："一个人赚点钱并不难，但要把赚钱变为一种企业行为就难了。一个拥有几十家子公司的控股集团，要保持赚钱的能力和机制就更难，尤其是这个集团不仅要赚今天的钱，而且要使企业能够持续发展，更是难上加难。"如果中国继续朝着市场化的方向改革，市场竞争变得更加公平和透明，企业对文化和价值观的需求就会多一些。市场的竞争越激烈，以企业文化为核心的企业管理就越重要。因为，"资源是会枯竭的，唯有文化才生生不息"。

# 第一章

## 如何理解企业价值观？

在学术上，企业价值观的定义基本来自西方学者。在汉语里找不到比较准确的对应"共享价值观"的术语，因此，笔者将"共享价值观"诠释为由企业创始人提出的价值观念，包括标榜的价值观、共同的价值观和践行的价值观三个部分。这种划分有助于我们理解不同的企业在建设企业文化方面所取得的不同效果。

# 一  价值观的概念

价值观是人们对价值的看法或观念。因此，价值观也可以称为价值观念、价值理念、价值主张、价值取向等。人们不会只有一个价值观，因此，凡是讲价值观，一般都是指价值观体系。评价主体认为什么东西是有价值的，它就有意义；什么是没有价值的，它就没有意义。有价值的事情就值得去做，无价值的就不要浪费时间和精力。价值观有强度大小之分。评价主体认为特别有价值的事情，就值得兴师动众、大动干戈，甚至抛头颅、洒热血。

人的价值观不是与生俱来或凭空捏造的。首先，它深受所处时代和空间的影响。生长于某个时代的人们自然会有那个时代的一些重要特征。不同的时代可以把评价主体分为具有传统价值观念的人和现代价值观念的人。甚至在同一个时代，也有"60后"、"70后"和"80后"的差别。即便是同一个人，随着时代的发展，年轻时认为有价值的事情到中年后就觉得没什么意义了，当初认为没有意义的事情后来又变得特别有价值。处于不同地理区域的人，价值观念有很大差异。一般情况，地理区隔越远，差异越大。比如霍夫斯塔德等人的研究发现，即便是在同一个组织内，多元化的员工队伍最终呈现的国家文化的差异非常显著[①]。其次是个人的成长经历。每个人的成长过程都有一些特殊性，造成人们价值观念既多姿多彩，又各具特点的现象。

价值观由于受到社会、阶层、文化和政治等影响，出现了越来越多的种类。例如，很多西方学者认为，价值观因个人的主观差异，不能做比较，即谁比谁的更有价值。但实际情况是价值观也有三六九等、高低贵贱之分。更加复杂的是，当我们把道德评价引入价值观，价值观就有了健康的和不健康的、高尚的和庸俗的、积极的和消极的区别。既然道德评价参与了，自然就有正确的价值观和不正确的价值观、正常的价值观和扭曲的价值观等。

---

① Geert Hofstede et al., "Measuring Organizational Cultures: a Qualitative and Quantitative Study Across Twenty Cases", *Administrative Science Quarterly* 35 (June 1990): 312.

# 二　企业价值观的定义

　　企业价值观一般被认为是组织成员共享的价值观[①]。对英美国家的学者而言，共享的价值观无须解释。就像很多常见的中国成语不需要对中国人解释一样。什么是共享的价值观（shared values）？因为"共享"的术语和概念来自英语，中国文化里没有这个东西。随着共享单车、共享汽车等商品的出现，共享已经渗透中国人的日常生活。共享单车或共享汽车等出现的"共享"概念比较容易理解，尤其是消费过这类商品的顾客。作为有形的物品，共享或分享同一物品会受到时间和空间的限制。如果共享的是某个观念或思想，就不会受时空的局限。因此，实物的共享和价值观的共享有非常明显的区别。我们能不能在中文里找到一个比较近似"共享"的概念或术语呢？

　　根据《剑桥英语词典》（*Cambridge Dictionary*），"share"有很多解释。作为动词使用的"share"有五条释义。第一，与其他人同时拥有和使用。主要是针对实物，如小孩一起玩玩具、一起在

---

[①]　汤姆·彼特斯、罗伯特·沃特曼：《追求卓越》，胡玮珊译，中信出版社，2007，第8页。Edgar H. Schein：《组织文化与领导》，陈千玉译，郑伯壎校，五南图书出版有限公司，1996，第20～22页。O'Reilly et al.，"People and Organizational Culture: A Profile Comparison Approach to Assessing Person-Organization Fit"，*Academy of Management Journal* 34（1991）:487-516.

某个房间里办公等。第二，两个或更多的人参加某项活动，每个人都负责一部分。上述两条释义与"共享"价值观的共享似乎都不太相干。第三，两个或更多的人共享一种情感、品质、经验，他们有相同的情感、品质或经验。第四，告诉别人你的想法、情感等。第五，把某些东西放在社交媒体上，让别人能够看见，或者让别人看其他人在网络上展示的东西。后面这三条释义用来解释共享价值观的"共享"，似乎都讲得通。

第一，共享价值观是指企业的员工都拥有的价值观。换句话说，企业所倡导的那些价值观，被所有的员工接受和认可。这应该是对企业共享价值观的一个很好的解释。对这些价值观的认同程度还有从基本赞同到非常赞同的强度之分。因为在企业的各个部门和不同的层次，存在各种形式的子文化或分文化，这些文化拥有不同的价值观[①]。能够得到所有部门和层次的成员认同的价值观，就称为共享价值观。如果把共享价值观视为变量，企业价值观体系或企业文化的强弱就能够通过企业成员对共享价值观的认同程度进行测量。当核心价值观被企业成员广泛地（广度）和强烈地（强度）认同和拥有，企业就被认为拥有强势文化。反之，则称作弱文化[②]。

第二，共享价值观是某人告诉其他人他（或她）的想法。根据企业的实际，我们把这句话里的人赋予角色后，这个"某人"一般

---

① Gregory, Kathleen L., "Native-view Paradigms: Multiple Cultures and Culture Conflicts in Organizations", *Administrative Science Quarterly* 9 (1983) :259~376.

② Wiener, Y., "Forms of Values Systems: A Focus on Organizational Effectiveness and Cultural Change and Maintenance", *Academy of Management Review* 13( 1988) :4.

就是企业创始人，其他人就是公司的其他员工。换句话说，共享价值观是企业创始人把他（或她）的个人价值观告诉员工。那么，员工接受和认可这些价值观吗？不确定。在很多企业里的实际情况是，企业创始人的个人价值观被反复地灌输给员工。企业创始人始终认为自己是思想上的孤独者，员工不能接受、领会和贯彻他的意图，因此，企业始终做不大、做不强。

第三，共享价值观是企业放在网站或某些社交媒体上的价值观。这些价值观被员工接受或认可吗？不确定。但是这种做法为很多企业所接受。美国20世纪的几本商业畅销书（迪尔和肯尼迪的《企业文化》、彼特斯和沃特曼的《追求卓越》、威廉·大内的《Z理论》等）对企业文化的推崇，带动了大多数美国企业开始重视企业价值观的建设，同时带动了学术界在组织文化领域的研究。根据纳格尔的观察，20世纪70年代和80年代，在北美地区，有80%的大型企业提出了自己的价值观。到90年代，有90%的企业公开宣传了企业价值观。这些企业通过价值观陈述、使命、企业年报和给投资者的信等方式展示它们的价值观体系。通过网站展示企业的价值观也越来越成为企业文化建设的做法之一[①]。

既然上述三种释义都可以解释企业的共享价值观，笔者企图整合这些释义，形成企业价值观的新定义，即企业价值观是企业创始人倡导的价值观念。根据价值观得到员工的认同程度和实践

---

① Nagel,K.F., "Organizational Values and Employee Health Initiatives: Influence on Performance and Functioning", *Dissertation Abstracts International* 60 (1998) :3.

程度，企业价值观包括以下三种类型的价值观。

第一种是"标榜的价值观"。阿吉里斯（Argyris）曾经把企业价值观定义为"宣称的价值观"[①]。笔者认为，在中国文化的情景中，把它解释为"标榜的价值观"可能更适合我们去理解。必须承认的是，很多企业的价值观建设最初采取把价值观挂在嘴边、贴在墙上、印在宣传册里、挂在网站上及开展全员价值观大讨论和价值观知识竞赛等形式。你也许会问，这种标榜的价值观有什么用？与没有价值观的企业相比，至少有了，而且已经开展了丰富多彩的活动来宣传教育企业价值观。对很多企业而言，这就够了。同时，企业开展文化活动也确实需要一些好的主题。

第二种是"共同的价值观"，即广大员工已经认同企业创始人倡导的价值观，反映了企业的价值观管理已经初见成效。我们知道，认同某些价值观并不代表人们一定会在实践中表现出来。有行为学家曾经做过这样的实验，对一群神学院（基督教）的学生提出要求，每个人都要在课堂上即兴讨论关于"好的撒玛利亚人的寓言"（助人为乐的价值观）。学生们被告知要横穿一个大楼的走廊去上课。第一个情景，学生被告知，马上要上课了，需要赶紧赶过去。第二个情景，学生被告知，还有几分钟才上课。然后，这位专家安排了一个经过乔装打扮的老人，穿着破旧的衣服，模样很惨，明显需要帮助。实验结果是，当学生们忙着去上课的时候，

---

① Argyris, C., "The Executive Mind and Double-Loop Learning", *Organizational Dynamics* (Autumn 1982) :5-22.

只有 30% 的同学停下来去关心那个"演员"，在时间不紧张的情景下，有 95% 的学生会停下来去关心[1]。其实，这种现象非常普遍。我们都认同"见义勇为"的价值观，而当我们在大街上真的遇到需要见义勇为的场合，例如有人打劫，最后出手帮忙的人一般不会太多，甚至没有。不可否认的是，我们内心对那些践行见义勇为价值观的人充满敬佩。从认同到践行某种价值观，中间还存在很大的变数。

第三种是"践行的价值观"。践行价值观一定是价值观管理的成熟阶段或高级阶段。达到这个阶段的企业也就是汤姆·彼特斯（Tom Peters）所说的"卓越企业"和柯林斯（Collins）所说的"愿景公司"。卓越企业具备的八个品质里，"强调行动"和"价值驱动，亲身实践"这两条都是践行价值观的归纳。从认同价值观到践行价值观是一个非常复杂的过程。人类学家克拉克洪等人认为，文化价值体系与其中成员的具体行为之间的关系，并不是"一对一"的。文化成员的任何一个具体行为都是一种妥协，是动机（价值）、情景及当时现有的、可行的工具及途径三者妥协的结果[2]。企业价值观成熟到这个阶段，也就达到了整个组织的成员"心往一处想，劲往一处使"的境界。为促成员工从标榜价值观向践行价值观的转变，真正发挥企业价值观的功能，企业努力把价值观的抽象原则落实到

[1]  O'Reilly, C., "Corporations, Culture, and Commitment: Motivation and Social Control in Organizations", *California Management Review* 50 ( Winter 2008) : 94-95.

[2]  Kluckhohn,C.K.et al., "Values and Value Orientations in the Theory of Action: An Exploration in Definition and Classification", in T.Parsons and E.A.Shils(Ed) *Toward a General Theory of Action* (Cambridge, MA: Harvard University Press,1951), pp.388-433.

企业管理的方方面面，才能为实现员工价值观和行为"一对一"的效果营造良好的氛围。在第三章的企业价值观管理部分，就是介绍企业如何把标榜的价值观最终转变为能够清晰指导和激励员工工作的日常管理系统。

综上所述，企业价值观是企业创始人倡导的价值观念。只不过，不同企业的价值观培育或建设的效果差异很大。有些企业的价值观始终是标榜的价值观，有些企业是共同的价值观，有些企业则是践行的价值观。

# 三 企业价值观的分类

## （一）说的和做的

格尔曼和同事的划分最简洁，也最清晰。他们把企业价值观分成"说的"（sayings）和"做的"（doings）两类[1]。并且，在现有的文献里，对"做的"价值观研究［也称为"价值观实践"（value practices）］比较少。阿吉里斯早有相同意义的分类，只是使用的术语不同。他把企业公布和宣传的价值观定义为"宣称的价值观"（espoused values），实际贯彻的称作"使用的价值观"（values-in-use）[2]。

在国内，学者们研究主要集中在应用价值观去构建中国企业文化的结构和个人价值观与组织价值观的契合问题等领域。至于是"说的"还是"做的"价值观，均没有明确定义。毋庸置疑的是，企业"说的"和"做的"价值观经常脱节，也就是我们常说的"说一套、做一套"。有很多知名企业因为被媒体披露其伦理或社会责

---

[1] Geheman et al., "Values Work: a Process study of the Emergence and Performance of Organizational Values Practices", *Academy of Management Journal* (January 2013): 56.

[2] Argyris, C. "The Executive Mind and Double-Loop Learning", *Organizational Dynamics* (Autumn 1982): 5–22.

任问题而陷入公共事件危机的，大致也属于此类现象。根据价值观理论或企业文化理论,企业价值观体系的建设应该从"说的"做起。或者说，从标榜的价值观出发，经由创始人或高层领导的"灌输"，使企业成员接受价值观并成为指导员工行为和决策的标准，最终成为员工自觉贯彻的"做的"价值观[1]。企业"说一套、做一套"，或者"说了不做"等行为，往往使企业标榜的价值观成为"替罪羊"，从而被否定标榜的价值观的意义。

## （二）核心价值观和一般价值观

一般来说，企业价值观总是通过很多形式表现出来，或者说，有很多种术语表达。根据曲庆的研究，中国优秀的企业价值观陈述有企业精神、价值观、经营理念、使命、愿景、目标、管理原则、经营方针、人才观念、宗旨和作风等30多个主题，复杂程度超过美国[2]。有些企业的价值观表达要复杂一些，比如交通银行的价值观体系包括企业愿景、企业使命、企业精神、企业理念、发展战略和企业广告语六个部分。这种采用"价值观组合"的方式，我们称之为价值观体系。有些企业只展示一项价值观，比如新希望集团有限公司（以下简称新希望集团）只有价值观一个项目，中国第一汽

---

[1]　Schein, E. H., "The Role of the Founder in Creating Organizational Culture", *Organizational Dynamics* (Summer 1983 ): 13-15.

[2]　曲庆：《中美优秀企业文化陈述的对比研究》，《中国工业经济》2007年第5期，第80~87页。

车集团有限公司（以下简称一汽集团）只有"核心理念"一项。通常，像新希望集团和一汽集团只设计一款价值观的情况，我们均视为企业的核心价值观。如果是价值观体系的情形，就有必要去区分核心价值观和一般价值观。在企业的价值观体系里，核心价值观居于中心地位，是企业的决策和行动在面临涉及价值困境时最终的判断原则。例如，在2017年的中国500强企业中，中国南方电网有限责任公司（以下简称南网）把它标榜的体系直接称为价值观体系。具体表述如下：

企业宗旨：人民电业为人民

企业使命：主动承担三大责任　全力做好电力供应

企业理念：诚信　服务　和谐　创新

品牌形象：万家灯火　南网情深

南网精神：勇于变革　乐于奉献

企业愿景：打造安全、可靠、绿色、高效的智能电网成为引领发展、广受尊敬的卓越企业

战略目标：创建管理精益、服务精细、业绩优秀、品牌优异的国际一流电网企业

安全理念：一切事故都可以预防

经营理念：创造价值　创新发展

服务理念：以客为尊　和谐共赢

法治理念：知法于心　守法于行

团队理念：忠诚干净担当　共建幸福南网

行为理念：诚信做人　规矩做事

其中，南网的企业宗旨、企业使命、南网精神和企业愿景这四

个项目属于核心价值观，其他项目则是一般价值观。按照该集团的排列顺序，似乎企业理念这个项目也应该属于核心价值观。如果企业直接使用核心理念或核心价值观的标签，会使价值观体系层次分明，更好地传递出企业价值观系统"孰重孰轻"。另外，企业的战略目标不属于核心价值观，可能会引起很多争议。一个简单的判定方法就是，核心价值观伴随企业"一生"，是"至死不渝"的，而战略目标则定期调整或改变（关于核心价值观和一般价值观的区别在第二章有详细介绍）。应该说，南网这套体系相较于原先的"文化理念"（2016 年 8 月以前的提法），确实有很大的提高和进步。不仅在体系上更加完善和系统，而且在内容上也做了大幅度调整。最明显的变化是南网把当初定位为核心价值观的"万家灯火，南网情深"的陈述改为"品牌形象"。在这里笔者不研究这两句表述作为品牌形象的含义，但是，作为核心价值观，虽然"万家灯火，南网情深"读起来朗朗上口，寓意深刻，但是其弱点在于受众容易把它当成企业的宣传口号或广告语。而且，这套系统最大的特点在于迎合了中国学习和贯彻社会主义核心价值观的时代精神，结合企业的实际，建立了公司自己的"价值观体系"，把价值观体系等同于文化理念体系，这也是笔者在理论上倡导的。

然而，这套体系中的某些项目设计和内容表述也是值得进一步商榷的。第一，南网的企业理念设计不合理。既然整个体系都是价值观体系或理念体系，这里的"企业理念"就太笼统。既然企业放弃了当初核心价值观的表述，那么这四个术语用来当作核心价值观，在体系上会更合理和完善。第二，企业愿景和企业战略目标定位的表述有些啰唆。如果已经成为"卓越企业",那么"受人尊敬"似乎是水到渠成的。同样,企业的战略目标也是这样的问题,如果是"国际一流企业",那么其管理水平、品牌形象、服务和业绩也是"国际一流"。

再如,国家开发投资公司的价值观(体系)虽然没有"体系"两个字,但是公司通过看图说话的方式,生动有趣地展现了公司的价值观体系。如果公司采用图文并茂的方式,宣传效果应该会更好,即在图的下方,对公司的核心价值观和一般价值观进行分类,并对价值观释义。

# 四 企业价值观与企业文化的关系

企业价值观（或体系）是企业文化的核心内容。事实上，企业价值观的研究要早于企业文化。比如法约尔（Fayol）在其著作《工业管理和一般管理》中提出的14条管理原则，其中就包括"纪律""秩序""公平""首创精神""团结"等价值观；巴纳德（Barnard）在《经理的职能》中，强调了高层经理的重要职能是价值观的管理。只是源于20世纪80年代的企业文化研究热潮，企业价值观的理论被纳入企业文化。同时，从认知的观点看，价值观是企业文化的要素之一，甚至有很多学者把企业价值观或价值观体系视为企业文化的核心内容。由于企业文化的概念过于庞大，同时已经取得了大量相互矛盾的研究成果，很多学者对企业文化的理论精确性质疑就没有停止过。[1]大多数企业文化的研究者认同企业的共享价值观或价值观体系是企业文化的核心内容，因此，把价值观体系的构建作为一个理论框架去研究企业文化是非常可行的。

企业价值观之所以能够代表企业文化，成为企业文化研究的变量有以下两个因素。

第一，从学者们对文化定义的层次的观点看，虽然隐藏在价值

---

① 乔安妮·马丁：《组织文化》，沈国华译，上海财经大学出版社，2005，第14~15页。

观背后的元素是信念和假设，比价值观更为深沉而且难以撼动，但是从社会心理学视角考察价值主体的行为，组织文化的诸多要素大致要从假设出发，依次经过价值观、行为规范，最后是实际的行为模式[1]。从认知的观点看，价值观介于意识形态和实际行动中间，它部分反映了无意识状态的基本假设的要求，又被视为一种被内化了的规范性信念（Rokeach 把价值观定义为价值主体的持久的信念），指导人们在组织中的行为[2]。从文化的观点看，价值观是抽象的价值判断原则和理念，能够通过一些符号载体显示出价值主体的信念。这些载体包括神话、仪式和庆典、故事。因此，价值观成为组织文化的关键要素，规范、符号、仪式和其他文化活动均围绕价值观[3]。

第二，在企业文化领域相对较少的实证研究中，以价值观为维度和变量成为主流研究策略。这些研究可以分成两类。一是把价值观当作企业文化的变量，归纳成功企业的因素。这些研究最典型的代表就是 1982 年掀起企业文化研究热潮的三本畅销书，《Z 理论》、《企业文化》和《追求卓越》，它们对后来的企业文化的研究产生了深远的影响[4]。循着相同的思路，柯林斯（Collins）和波拉斯（Porras）

[1] Rousseau, D., "Quantitative Assessment of Organizational Culture", In B. Schneider (ed), *Frontier in Industrial and Organizational Psychology* (San Francisco: Jossey-Bass, 1990), p.53-192.

[2] Rokeach M., *The Nature of Human Values* (New York: The Free Press, 1973), P.11-18.

[3] Enz, C., "The Role of Value Congruity in Intraorganizational Power", *Administrative Science Quarterly* 33(1988): 284-304.

[4] Barley et al., "Cultures of Culture: Academics, Practitioners and the Pragmatics of Normative Control", *Administrative Science Quarterly* 33(1988):24-60.

在 1992 年推出的《基业长青》，成为企业文化研究的又一本经典作品。这些畅销书的观点推动美国企业开始重视企业核心价值观的管理工作。另一类研究则探索组织文化这个概念的维度或因素。20世纪 80 年代，学者们主要应用定性的研究策略，到 20 世纪 90 年代，逐渐开始应用定量的方法研究组织文化。比较有代表性的是霍夫斯塔德等人和奥莱利等人的研究，形成一些有意义的企业文化测量方法。中国很多学者也采纳相同的策略开展了不少对中国本土企业文化测量的研究。国内外的学者均使用价值观的变量代表企业文化的维度，企图构建企业文化共有的价值观结构。企业价值观（或企业价值观体系）几乎成为企业文化相互替换的用语。

# 第二章

## 企业价值观体系的架构和要素

　　作为企业文化的重要组成部分，企业价值观体系应该包括哪些因素始终是理论上颇具争议的问题，本章对《基业长青》作者科林斯和波拉斯（Collins and Porras）提出的愿景架构模型进行修正，并提出一个包括核心价值观和一般价值观在内的企业价值观体系的架构和要素。同时，结合对中国企业 500 强价值观的质性研究，总结国有企业和民营企业的价值观结构。

# 一　企业愿景架构

科林斯和波拉斯提出了能够实现基业长青的"愿景公司"的愿景架构，包括核心理念和未来目标两个部分。其中的核心理念又包括核心价值观和核心使命（或宗旨）两个部分。他们所提出的"基业长青"和"愿景公司"等术语曾经风靡全球，成为管理世界里职业经理人的常用词语，"愿景架构"也被很多公司当作企业文化理念的设计标准。毋庸置疑的是，他们的研究成果和结论对正在建设企业文化的企业提供了很好的理念设计框架。该模型最显著的优势在于对核心理念中包含的核心价值观和核心使命（或宗旨）的定义是非常清晰的，方便那些有志于"从成功走向卓越"的企业学习和效仿。《基业长青》出版后，1992~1996 年连续四年名列美国畅销书排行榜前列，是继 1982 年的《追求卓越》之后又一本成功的企业文化著作。这本书对中国企业的影响也是非常深远的。很多企业家因为自己企业的奋斗目标找到了"基业长青"而振奋，很多企业的高管把该书当作培训教材，也不惜耗费大量时间遵循书中的愿景架构为企业设计核心理念及未来"胆大包天的目标"。毫不夸张地说，这本书成为中国管理世界关于企业文化和价值观管理的教科书。

但是，这个模型的缺陷也是非常明显的。首先是对愿景的定义不当致使文化理念体系中的概念相互混淆。他们把愿景的概念随意扩大，除了包含企业未来 10~30 年的目标，还包含企业核心理念。企业核心理念中的核心价值观和核心使命等概念与愿景的概念存在显著的区别，也不是被包含的关系。换句话说，愿景、使命、核心价值观和宗旨等，它们在一个价值观体系里是并列关系，而非包含关系。企业的使命是超越企业商业目标的追求，是企业追求利润或利益之外的更深层的原因。例如，3M 公司的使命是"用创新的方法解决未解决的问题"、默克制药公司的使命是"保护并改善人类的生活"等。使命是企业永远追寻却永远不可能达到的目标（在这个意义上，企业使命和企业宗旨是同义词）。而企业的愿景一般是属于企业的战略范畴，有明显的商业目标。同时，企业愿景一般是对企业未来发展的一种理想期望，是有可能实现的。即便在科林斯和波拉斯所定义的 18 家愿景公司里，有不少公司的愿景也是非常明确和具体的。在"愿景管理"理论出现之前，战略管理理论中长期目标的制定阶段与愿景的概念比较类似，即在企业的战略规划制定阶段，根据对企业内外部诸多影响因素的评估，企业一般从使命出发，确定其未来发展的长期目标。这些目标可以是比较具体的，如市场地位、劳动生产率、盈利水平；也可以是抽象的，如企业的创新能力、核心竞争力的培育及社会责任等目标。因此，企业的愿景与企业的长期发展目标的概念比较接近。然后制定相应的战略。所以，在管理理论上，把使命、核心价值观等概念并入他们的愿景概念（或愿景架构），不会让企业的愿景更清晰，只会使这些本来概念边界已经模糊的概念更加混淆。

其次，在他们的愿景架构里，树立10~30年的"胆大包天"的目标是一个重要的组成部分。在20世纪90年代以前，那些愿景公司为了赶超行业的领导者，几十年专注于培育核心竞争力和核心产品，最终成功的励志故事成为商业世界的传奇。但是，在互联网时代，科技正在深刻改变企业的商业模式。像美国的谷歌、Facebook等高科技公司在不到十年的时间里就成为行业的巨头，中国的小米公司在成立不到三年的时间里就成为中国手机销售市场的冠军，这些企业的成长模式是20世纪所有的管理理论无法解释和预测的。对21世纪的上述这类飞速成长的企业而言，沿用10~30年的目标制定策略周期过长，使目标变得毫无意义，曾经所谓"胆大包天"的目标如今已经过时和过于保守。除了科技改变商业模式，另一个重要因素是很多创业公司在资本市场的"暴富"效应，正在改变过去的创业理念和经营理念。既然能够通过资本市场快速地、高溢价地实现企业家财富自由的创业目标（人的终极价值观之一），培养核心竞争力、增加研发投入、打造高质量的绩效管理系统、企业文化建设等都是多余的。当然，这些东西在企业家的投资项目建议书或招股说明书之类的文件上还是非常重要的内容。国内知名的投行人士阎焱曾经说，在创业公司的估值面前，北京和上海的房价还真不算贵。中国创业公司的升值远远超过房地产的升值。曾经有人给他推荐一家公司，年收入大概400万元人民币，估值1亿美元[①]。

①　参见赛富资本创始管理合伙人阎焱在2016年9月24日"创新中国"中国总决赛上的演讲。

# 二　企业价值观体系的架构

在关于企业文化的诸多定义中，企业的价值观体系被认为是企业文化的重要部分，甚至是核心部分。也有不少的学者直接把企业价值观体系定义为企业文化[①]。而且，即便是很多企业在其理念体系的设计上使用了诸如服务理念、人才理念等用语，其实也不过是企业价值观的另一种表现形式。在中国人的用语里，我们经常把价值观称作价值观念或者价值理念。

笔者认为，企业的价值观体系应该包括核心价值观和一般价值观两个部分。核心价值观部分包括企业的使命（或宗旨）、核心价值观和愿景三个要素。一般价值观部分则包括企业其他价值观（见图2-1）。

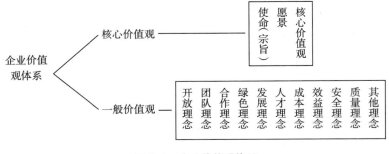

图 2-1　企业价值观体系

① 约翰·P.科特、詹姆斯·L.赫斯克特：《企业文化与经营业绩》，李晓涛译，中国人民大学出版社，2004，第6页。

# （一）核心价值观部分

企业愿景应该体现企业追求的理想目标，是企业孜孜不倦、求之不得的"企业梦"。例如，苹果公司的愿景是"未来所有的办公桌上都有一台（苹果）电脑"，微软公司的愿景是"每一台电脑都安装微软的软件"。需要指出的是，企业价值观管理的企业愿景概念不同于战略管理中的企业愿景概念。由于两个概念的术语相同，概念混淆无法避免。在本书后面的案例介绍部分可以发现，中国500强企业的企业愿景大部分选择的均为战略管理领域的企业愿景，即把愿景设计成企业未来五年或十年的战略目标。其中的一个原因是，绝大多数企业高管和企业家都参加过 MBA 或类似的项目，都学习了战略管理课程。学得越好，越认同愿景管理的理论和实践。再加上 20 世纪被称为"世界第一经理"杰克·韦尔奇关于通用电气的案例分享，很少有人会想起柯林斯的"企业愿景"。笔者认同科林斯和波拉斯对企业使命和核心价值观的定义，把它们都看成企业对赚钱之外的深层追求，是企业家已经实现了"财富自由"以后仍然不倦前行的价值追求。核心价值观部分不应该包括具体的商业目标和经营战略。企业使命（或宗旨）是企业永远无法实现的理想追求，核心价值观则是履行使命或追求宗旨的手段。如同罗西奇对价值观的二分法，企业的使命（或宗旨）就类似终极价值观（人类生活的理想状态），但不能到达终极价值观，最好在"目的-手段"链条上提炼出一个企业无法实现又符合企业事业追求的目标。否则，所有企业都可以把使命和宗旨表达成"让世界更美好"。例如，麦肯锡的使命是"帮助成功的企业和政府更加成功"。阿里巴巴的使命是"让天下没有难做的生意"。这两个案例无须解释，符合我们的设计要求。核心价值观则类似工具性的价值观（为实现终极价值观而采取的手段或者工具）。汉语的博大精深为中国企业家们使用核心价值观术语提供了丰富的选项，除了核心价值观本身，比较常见的有核心理念、企业精神、价值核心和指导方针等。

有些企业虽然没有在价值观体系里特别注明是核心价值观，其在体系中的地位也确实是核心价值观。如中国工商银行和中国移动通信集团公司（以下简称中国移动）都是这类情况。中国工商银行的理念体系包括三个部分。

使命：提供卓越金融服务——服务客户，回报股东，成就员工，奉献社会。

愿景：建设最盈利、最优秀、最受尊重的国际一流现代金融企业。

价值观：工于至诚，行以致远——诚信、人本、稳健、创新、卓越。

在中国工商银行的价值观体系里，三个部分都属于企业的核心理念。

中国移动情况也一样。它的企业文化理念体系包括三个部分。一是企业价值观：正德厚生，臻于至善。二是企业使命：创无限通信世界，做信息社会栋梁。三是企业愿景：成为卓越品质的创造者。在这些价值信条的基础上，公司还设立了序、核心价值观、企业使命、愿景、跋五部分，详细介绍了中国移动企业文化创建的历史。这些价值理念的意义还包括中国移动对企业价值观、企业使命和愿景这些价值理念的解读。应该说，中国移动的价值观体系已经很简洁，三个部分都是核心价值观。如果他们把核心理念部分的企业价值观条目改成"核心价值观"，那么他们的价值观体系会更加清晰。

还有一类企业，它们的价值观体系只有一个价值观，或是一条价值陈述，这种情况，不论其理念的标签是否有"核心"字样，应该视为核心价值观，如百度、新希望和恒立集团等。

## （二）一般价值观部分

笔者将企业价值观体系中的非核心价值观称为一般价值观。在企业价值观系统里，核心价值观是企业在评判重大是非问题和重大决策上的根本依据，是指导企业发展和管理的根本原则。但是，企业经营管理的问题涉及方方面面，尤其是已经具备一定规模的企业，经营管理的细节可谓多如牛毛。因此，更多经营管理决策还无法触及核心价值观的指引，一些企业部门管理的指导思想应运而生。比如生产部门强调的质量和协调问题（很多煤矿企业注重安全意识），研究部门重视的务实和创新问题，人力资源部门强调的团队和学习等，这些只涉及企业某个（或某些）部门管理的价值观念，我们称其为一般价值观。

由于企业的发展历史不同、创始人的个人价值观不同，以及企业的发展阶段和所在行业的性质差异等原因，某些企业的一般价值观可能是其他企业的核心价值观。企业的经营管理千头万绪，企业的价值观体系本身也是企业管理的一个缩影。

## （三）案例分享

### 1. 陕西延长石油（集团）有限责任公司

陕西延长石油（集团）有限责任公司（以下简称延长石油集团）的文化理念体系分为核心理念和基本理念两个部分。

核心理念体系包括以下五部分

企业使命：汇聚能源，延长价值

企业精神：埋头苦干、开拓创新

企业愿景：成为令人尊敬的创新型国际能源化工公司

企业哲学：智圆行方、天地人和

核心价值观：求实、诚信、奉献、责任

基本理念包括以下十部分

发展理念：资源为本，科技引领，发挥优势，创新致远

经营理念：秉持诚信、竞合共赢

管理理念：讲人本、求效率、明权责、重执行

安全理念：安全生产、平安生活

环保理念：感恩自然、低碳延长

创新理念：超越昨天、创造明天

人才理念：人人能成才、是才有舞台

廉洁理念：泾渭分明、扬清激浊

学习理念：勤学善思、学以致用

团队理念：一滴滴油花汇成河，一副副肩膀筑成山。

除此之外，还包括延长石油集团文化宣言、企业传播语体系、集团员工誓词等内容。其实，该公司的基本理念，也就是笔者设计的一般价值观部分。虽然该公司的价值观体系比较完整，但是在企业价值观术语的应用上有混淆。比如在核心理念部分，公司采用企业哲学的术语。一般来说，企业文化或理念体系都可以称为企业哲学。每个企业的精神文明建设（或者说意识形态领域）都被称为企业哲学。企业哲学包含价值观体系，它也可以作为整个价值观体系的总标题，而不应该是系统中的一个子项目。

## 2. 山西潞安矿业（集团）有限责任公司

该公司的企业价值观体系是划分核心价值观和一般价值观的教科书式的案例。该公司的企业文化建设启动较早，已经形成了丰富的材料。2004 年 10 月，山西潞安矿业（集团）有限责任公司（以下简称潞安矿业）被中国企业联合会和中国企业家协会授予"2004 年全国企业文化优秀奖"，是山西唯一获此殊荣的企业，在全国煤炭行业尚属首家。2005 年 9 月，被中国企业文化促进会和中国社会科学院工业经济研究所授予"2005 年度中国企业文化建设先进单位"称号，集团领导王安民、任润厚荣获"2005 年度全国企业文化建设先进个人"称号。该企业《文化手册》将价值观体系分成基本理念部分和系统理念部分。基本理念是企业理念中最根本、最基础的内容,具有方向性、统领性和延展性特点,可以派生出若干具体理念。潞安公司的基本理念包括以下六部分。

核心理念:为人至诚、为业至精

核心价值:以阳光的心开采光明、以感恩的心回报社会、以真诚的心造福员工

企业精神:艰苦奋斗、博采众长、追求卓越

企业愿景:打造具有国际竞争力的能源品牌

企业战略:建设亿吨煤炭新基地、打造产业发展新高地、开创幸福潞安新天地、建设既强又大国际化新潞安

企业作风:立说立行、只争朝夕

系统理念是由基本理念派生出来的,侧重于企业某个方面或系统的理念。潞安矿业的系统理念包括以下九部分。

开发理念:与能人携手、和巨人同行

人才理念:好人 + 能人

学习理念:学习工作化、工作学习化

和谐理念:人心和善、家庭和睦、生活和美、人际和顺、人企和谐

廉洁理念:踏踏实实做人、干干净净做事

安全理念:赢在标准、胜在执行;从零开始、向零奋斗

创新理念:资源有限、创意无限

经营理念:成本最优化、效益最大化

绿色理念：绿色开采、绿色转化、绿色利用

毫无疑问的是，潞安矿业的价值观体系是非常完整和系统的。从系统设计的角度，把体系分成基本理念和系统理念是非常合理的，同时对划分的依据进行说明，有较强的说服力。如果我们对这套体系要求苛刻一些，会发现以下四个问题。第一，专业术语的选择不恰当。"系统理念"是"基本理念"派生出来的，在语言的使用上明显不合理。系统的东西和基本的东西从重要性上不容易分清楚哪个更重要；在核心理念部分，出现了"核心理念"和"核心价值"两个核心理念并驾齐驱的场面。如果我们承认在一个价值观系统里有两个核心，那么有三个、四个核心也就不奇怪了。除此之外，企业精神也是核心价值观。第二，核心价值观的要素结构不合理。通常，企业战略和企业作风都不属于企业核心价值观的要素。企业核心价值观和一般价值观的一个区别在于，核心价值观非常稳定。而一般价值观则具有相对稳定性，会根据时空变化而改变。企业战略和企业作风都具有"动态调整"的特性。第三，相比其他价值观的精彩陈述，企业战略的陈述显得臃肿，而且语义重叠。第四，企业的愿景陈述与企业战略目标混淆。如果不考虑企业愿景和企业战略这两个标签，根据它们的陈述来搭配这两款标签，你会怎么选？如果把"打造具有国际竞争力的能源品牌"这句企业愿景陈述放进企业战略陈述中，你还能把这句话找出来吗？既然企业战略使用了"建设、打造、开创、建设"的句型，企业愿景也采用了相同的方式，为什么不可以合并呢？其实，主要原因在于企业的愿景定位和陈述"战略化"。企业愿景作为核心价值观的要素之一，是企业努力追求也无法实现的"梦"。而潞安矿业定位为"具有国际竞争力的能源品牌"，作为在中国企业500强中排名第100而且已经进入世界500强的企业，几乎已经触及这个目标，还算是"梦"吗？

# 三　企业价值观体系的要素

对价值观的研究可以分成很多层次。其中，个人层次的价值观研究是整个价值观理论中最丰富的部分，也是其他层次价值理论研究的基础。企业核心价值观一般被认为是来源于企业创始人的个人价值观。因此，企业核心价值观的形成过程就是个人层次的价值观与组织层次价值观紧密互动的结果。企业价值观的概念来源于人类学和社会心理学。人类学家克拉克洪等人对价值观概念的解释是极其深刻的。他们认为理解价值观要从价值观本身和价值观背后的支持系统这两个方面去思考。价值观是"一个个体或一个群体，内含或外显的，对什么是值得做的、应该做的的一种构想。这种构想影响了个体或群体的行动方式、途径及目的的选择"。他们还认为，价值并非行为本身，也非选择本身。价值观背后的支持系统被称为价值导向，是"影响行为的一套相当普遍性的、有组织的概念体系。这套概念体系包括有关对大自然的看法、人在大自然的位置的看法、人与人之间关系的看法，以及在处理人与人、人与环境关系时的一些值得做的和不值得做的看法。同样的，一些环境与事物，由于不同文化的人对它们存在的看法不同，因而我们对它们持有不同的价值观"[1]。因此,他们对价值观体系的观点包含价值观本身和价值导向这两个部分。心理学家罗西奇把价值观定义为"一种持久的信念,认为一种具体的行动方式或存在的目的要优于其他的行动方式或存在的目的,不管是个人层面还是社会领域"。他们的观点影响了沙因(Schein)对组织文化的定义。沙因把克拉克洪等人的价值导向的观点定义为组织文化学者熟知的"组织文化是一套假设",这套假设隐藏在组织价值观的背后,由于其已经理所当然,年长的企业成员对这些假设已经深信不疑。这里的"假设"和克拉克洪定义的"价值导向"、罗西奇的"信念"等都是在价值观背后的深层动因,持久而难以改变。因此,笔者认为它们都是价值观体系的构成要素。

企业价值观本身包括哪些构成要素呢?沙因关于"外部适应"和"内部整合"的概念框架为我们提供了一个很好的指导。涉及"外部适应"的企业价值观一般包含以下七部分内容。一是顾客因素。这是服务业企业的最常见的价值观类型,而且属于核心价值观。像平安保险、华为、联想等企业均把客户因素摆在首位。很多中国企业提出的"造福人类""服务人民"等价值观,也应该归入此类。二是国家或政府。也许是因为很多中国企业家的"家国情怀"因素,也许是因为中国政府部门的巨大权威性,中国企业提出"产业报国""实业兴国""振兴中华"之类的价值观还非常多。与其形成鲜

---

[1]  Kluckhohn,C.K.et al.,"Values and Value Orientations in the Theory of Action: An Exploration in Definition and Classification",in T Parsons and E A Shils(ed). *Toward a General Theory of Action* (Cambridge,M.A.: Harvard University Press, 1951),p.411.

明对比的是，美国的知名企业几乎找不到类似的价值观。就像好莱坞大片一样，很多美国公司关注的是地球问题、气候变化、生态环境及人类的最终福祉等。三是社区因素。很多西方企业的价值观体系中比较常见"社区"的术语，而很多中国企业喜欢使用"服务社会"或"造福社会"的术语。这里的"社会"是比"社区"更大的概念，也更抽象。四是股东因素。很多上市公司的价值观有股东因素。这个在资本主义发展历史上曾经最重要、影响最大的因素随着社会和利益相关群体的发展，已经逐渐被边缘化。笔者赞同《基业长青》中的观点，即在员工中灌输股东价值观，对员工起不到精神激励的作用，甚至会产生负面作用。五是供应链合作伙伴关系。很多处于产业链中间环节的企业特别注重伙伴关系和合作关系。六是与竞争对手的关系。很多企业提出的"超越""敢为人先""引领行业"等价值观，有不少企业还将其放在核心价值观或者企业精神中，足以证明竞争对手的压力。七是与大自然的关系。有不少企业把致力于"生态"、"绿色"或"保护环境"也纳入企业价值观体系。有意思的是，中国500强企业里，凡是涉及污染防治责任重大的企业，如化工、煤炭、钢铁和电力企业，特别喜欢设置一项"绿色"的理念。另外，由于中国政府在"十三五"规划中提出的五大理念就有"绿色"，很多国有企业就直接把这五大理念复制到企业的价值观体系中。

涉及企业"内部整合"的因素包括以下七个方面。一是对个人道德水平和素质的期望。这是企业价值观体系中比较丰富的领域，像"诚信"、"公正"和"做人"等均是企业核心价值观的常见术语。

二是对企业成员能力、工作态度和工作作风等的期望。三是企业对处理企业内个人与个人之间的关系的要求。包括上下级之间、同事之间、新进人员与资深人员之间，甚至是男女同事之间的关系。比较常见的"以人为本""尊重""己所不欲，勿施于人"等价值观就属于此类型，也是企业核心价值观的常见词语。四是企业对处理个人与群体或集体关系的要求，即我们经常说的如何处理好个人利益与集体利益的关系问题。例如，联想集团的核心价值观之一就是"企业利益第一"，大连万达集团的核心价值观之一是"企业的价值高于企业员工个人的价值"等。五是企业对处理群体与群体之间的关系要求，包括不同部门之间，除了正式的职权和责任关系，群体与群体之间应该是竞争、合作，或者两者兼有，或者毫不相干等。六是企业对成员从事生产经营活动的期望和要求。这也是价值观体系非常丰富的领域之一，比如崇尚科学、质量第一、新产品制胜、风险意识、创新、安全和服务等价值观。七是企业在重大事项上的决策风格。很多企业的"民主""授权"等价值观属于此类型。一个企业的历史越长、规模越大，企业价值观的形式和表现就会越丰富。

# 四 国有企业和民营企业的价值观结构比较

## （一）研究方法

笔者主要采用内容分析法。首先是关键词的提取和同义词或近义词合并。分别收集国有和民营样本企业的关于核心价值观的陈述，对没有标准化的陈述进行处理。其次，对含义相同或相近的关键词进行合并，频次少的并入频次多的，合并后频次相加。再次，把关键词根据其含义有明显区别的原则，将关键词分类，形成企业核心价值观的基本结构。最后，运用卡方检验做辅助验证。

关于组织文化的维度质性研究，基本上都是从大量定性数据当中提炼出主题，这一过程类似定量数据中的因子分析[1]。然而，企业的价值观，尤其是核心价值观，已经是对组织文化高度抽象的陈述，并且以凝练的关键词形式呈现，常用的"因子分析"明显已不再适用。一个比较权宜的做法就是把这些关键词依据一定的逻辑归类，把频次最多的关键词作为核心价值观的主要维度。这样，既满足了价值观关键词分类的需要，还克服了主观定义维度主题的难题。

---

[1]　Lee. T.L., *Using Qualitative Methods in Organizational Research* (Beverly Hills：C.A.：Sage, 1999), pp. 14－27.

## （二）研究样本

中国企业 500 强有两个榜单，一个是中国企业 500 强，其中包括国有企业和民营企业，另一个是民营企业 500 强。这两个榜单里的企业规模大、样本丰富，涉及中国经济的主要行业，2013 年中国企业 500 强实现营业收入 50.02 万亿元，相当于 2012 年 GDP 的 96.23%，其在国民经济中的作用和影响无可比拟。因此，十分适合本项研究。


## （三）数据收集

样本选择。由于当前没有中国国有企业 500 强的榜单，笔者从中国企业 500 强榜单里剔除 135 家民营企业，剩余的 365 家成为国有企业的样本，而民营企业则有完整的 500 家。

标榜的价值观。笔者研究的核心价值观是企业"说的"价值观，企业网站和互联网其他平台成为收集数据的主要渠道。笔者收集数据的时间为 2014 年 10 月 1~15 日。

核心价值观的陈述类型。根据笔者对中国 500 强企业的初步预览，发现这些企业对核心价值观及相关概念的理解有很多表达形式。在中国 500 强企业的文化系统里，中国企业对企业文化的总结和提炼确实百花齐放。笔者认为，企业的价值观系统包括核心价值观部分和一般价值观部分。企业使命（或宗旨）、愿景、核心价值观如企业精神等概念属于核心价值观部分。企业经营理念、管理理念、人才理念、质量理念、工作作风及其他理念和价值观等属于一般价值观部分。除了少数企业有相对完整的价值观体系，很多企业在核心价值观的表述方式上形式多样。有些企业虽然没有使用核心价值观的表述，但提出一个或两个企业价值观，笔者认为这里的企业价值观其实等同于核心价值观；有很多企业没有出现核心价值观的形式，但出现了企业精神的表达。笔者认为，企业精神是比企业价值观更狭窄的概念，是企业为表达使命或宗旨等终极价值观而采纳的一些工具性的价值观，一般会使用"拼搏"、"团队"和"奋进"等术语。在这种情形下，笔者也将企业精神视同核心价值观；同样，有很多企业没有核心价值观的陈述，却有像核心价值（或价值核心）、核心理念等形式的表述。笔者将上述术语也列入类似企业核心价值观的数据库。最终，笔者选择核心价值观数据的次序为：核心价值观—核心价值（或价值核心）—企业精神—核心理念—企业价值观。上述五种陈述方式按照顺序选择其一，如果五种都有，选核心价值观；没有核心价值观，选核心价值，以此类推。如果网站没有企业文化栏目，则通过百度百科和世界工厂等其他平台搜寻。

## （四）编码

中国 500 强企业的核心价值观表述形式多样，有用关键词形式简洁表达的，有半文半白、寓意无穷的，有广告口号表达的，还有用排比句连环阐述的。其中，表述不准确、不到位，甚至随意化的问题在中国企业中广泛存在，即使是一些著名企业也不例外。为方便统计分析，需要将很多陈述标准化。标准化的陈述为用"诚信""创新"之类的关键词简洁表述。笔者共计编码了300条陈述。例如，中国建筑工程总公司的核心价值观表述为"品质保障，价值创造"，笔者将其编码成"品质、价值"两个关键词；笔者从兖矿集团有限公司的"立责于心、公允至信"中编码出"责任、诚信"两个关键词。研究人员分为两组（每组分别由一位老师和一位研究生组成）进行关键词的编码及频次累计。在编码前，两个小组随机抽取几条陈述进行练习，讨论了编码的方法，然后分别开始工作。在编码后，两组在国有企业关键词编码的相似率为80.5%，民营企业相似率为78%。随后，两组进行差异性讨论。经过讨论，国有企业关键词两组相似率达到91%，有2条无法编码的被删除；民营企业关键词两组相似率达到88%，有6条无法编码的被删除。

## （五）同义词合并

笔者仍然保持先前的两个研究小组分别合并和统计国有企业和民营企业的关键词。之后，再一起讨论合并的结果，并借助《同义词近义词反义词词典》对有争议的合并项力争达成一致，实在无法达成共识的，就不勉强合并。合并后的关键词数量减少，但频次不变，频数被累加到合并项里。原先的关键词频次最多的合并频次少的。例如，下面三个关键词，创新（10）、开拓创新（2）、锐意创新（1），最终合并到创新（13）里。关键词合并是分别把国有企业的 907 个关键词和民营企业的 1264 个关键词进行同义词合并、频数累加，以求简练，减少冗杂。在第一轮合并中，两组主要是对同一关键词进行频数累计，经过第一轮关键词合并之后，国有企业关键词有 216 个，民营企业关键词有 249 个。在第二轮合并中主要是对关键词的近义词合并，在第二次合并中两组在国有企业和民营企业的关键词一致率分别为 76% 和 74%。经过差异性讨论，国有企业和民营企业的两组关键词一致率分别达到 92% 和 94%。经过讨论及第二次合并后，国有企业的关键词有 134 个，民营企业关键词有 141 个。

## （六）关键词分类

在组织文化研究里，可参考的中西方分类框架很多。笔者最初采纳忻蓉等关于中国国有企业的十个维度设计来对合并后的关键词进行归类。结果发现两组的一致率很低，十个维度里一致率最高的为 33%，最低的为 19%。经过分析和讨论，笔者决定不再参考既有的企业文化维度分类框架，因为核心价值观的结构是比企业文化更为狭窄的领域，没有现成的企业核心价值观分类可以参考。既然这些表述核心价值观的关键词已经是比较抽象和凝练的陈述，笔者就把关键词按照频次高低的顺序排列，把频次低的关键词根据同类的性质归并到频次高的关键词中，高频次的关键词就成为核心价值观的主要维度或结构。例如，笔者把"正直""信任""诚实""正义""道德""做人""自律""感恩"等反映个人道德体系的关键词都并入诚信维度（因为诚信在这类关键词中的频次最高）。如果对这些关键词的含义进行分析，"做人"或"道德"这两个关键词均比"诚信"的范围宽广，更适合作为该类别的代名词。但是，"诚信"的频次高，保留"诚信"更能反映出企业核心价值观的真实原貌和表达。

## （七）研究结果

在365家国有企业样本（见表2-1）里，能够查询到企业核心价值观或类似术语（企业价值观、企业精神和企业核心理念）的有265个，经过编码后的关键词有907条，同义词合并后保留134条。在500家民营企业中最终有323个符合样本条件，编码关键词1264条，合并后保留141条。

在收集数据过程中，在865家企业中有68家企业无法找到官网，而且在百度百科及其他平台也无法获取企业文化的相关信息；有84家企业有网站，但没有专门的企业文化栏目，或者是在企业简介的栏目中也没有企业文化的内容；有28家企业虽然有企业文化栏目，但都是介绍企业职工的文体活动等内容，没有价值观体系的介绍；还有97家企业虽然有企业文化或价值观体系的介绍，但没有上述五种核心价值观的陈述形式，最终也放弃。

表 2-1　样本企业网站收集情况

单位：条

| 收集项目 | 国有企业（共 365 家） | 民营企业（共 500 家） |
|---|---|---|
| 无法查询到企业文化相关信息 | 12 | 56 |
| 有网站但无企业文化栏目 | 44 | 40 |
| 有文化栏目但无价值观体系 | 4 | 24 |
| 企业核心价值观 | 124+7 | 124+5 |
| 企业核心理念 | 8+1 | 6+1 |
| 企业精神 | 59+5 | 105+11 |
| 企业价值观 | 57+4 | 70+1 |
| 最终样本 | 265 | 323 |
| 陈述条目 | 907（平均 3.4） | 1264（平均 3.9） |
| 合并后条目 | 134 | 141 |

注："124+7"表示有 124 家企业的数据是从企业官网获得，有 7 家是从百度百科或其他渠道获得。余同。

骆驼集团的核心价值观有 16 条，居中国 500 强之最；有 24 家企业仅倡导一个核心价值观；有两家企业的核心价值观陈述完全相同，如江苏南通六建建设集团有限公司和浙江桐昆集团股份有限公司都选择"值得尊重的企业，受人欢迎的伙伴"的陈述。

从表 2-2 的统计频次结果看，国有企业和民营企业都把"创新"（91/122）和"诚信"（79/99）放在最重要的位置。两组样本相比较，国有企业比民营企业更重视"和谐"（30/30），因为民营企业的样本比国有企业多 21.9%，民营企业更注重"务实"（63/22）、"进取"（19/40）。国有企业的"和谐"频次高于"团结"，"奉献"高于"敬业"，而民营企业的"团结"高于"和谐"，"敬业"高于"奉献"。因此，笔者就把这两个维度定义为"和谐"维度和"奉献"维度，连同其他六个维度，形成中国企业 500 强的核心价值观的基本结构。在"创新"维度，国有企业比民营企业强调"开放"（6/2），民营企业更注重"科技"（12/2）；在"诚信"维度，民营企业的核心价值观比国有企业的丰富，有一些反映中国传统文化的价值观，除了"做人"，还有"修身""仁""良心""朴实"和"谦虚"等；在"和谐"维度，国有企业和民营企业都重视"以人为本""合作"，国有企业强调"共赢"（24/18）、"共享"（14/5）和"共创"（13/0），民营企业强调"团结"（44/16）、"团队"（19/6）、"尊重"（6/0）和"包容"（9/3）；在"责任"维度，国有企业和民营企业都重视"客户"、"社会"和"员工"，国有企业更注重"品质"（15/5）、"国家"（14/7）、"股东"（12/5）、"价值"（7/0）、"企业"（7/4）和"人才"（7/0）等价值观。在"务实"维度，频次偏高的几个共同出现的价值观，除了"绩效"（9/11），民营企业均高于国企，比如，"务实"（63/22）、"高效"（23/12）、"求实"（19/7）和"严谨"（7/0）；在"奉献"维度，国有企业比民营企业重视"服务"（7/2），民营企业比国有企业重视"敬业"（28/10）和"忠诚"（17/8）；在进取维度，与务实维度类似，民营企业表现出比国有企业更强烈的进取心，包括"进取"（40/19）、"艰苦奋斗"（39/14）、"拼搏"（32/14）、"学习"（19/0）、"艰苦创业"（12/5）和"竞争"（4/2）等。

从频数统计上看，在八个维度中，国有企业核心价值观强调的是"和谐""责任""进取"，而民营企业强调的是"进取""和谐""务实"。国有企业和民营企业在"诚信""创新""奉献""卓越"这四个维度上的比例十分接近，但是，在"进取""和谐""务实""责任"这四个维度上的比例差异较大，特别是"务实"和"责任"这两个维度。

表2-2 核心价值观的结构及频次统计表

单位：个

| 维度 | | 核心价值观频次统计 |
|---|---|---|
| 创新 | G | 创新（91）＋开放（6）＋创造（4）＋科技（2） |
| | M | 创新（122）＋科技（12）＋创造（5）＋变革（3）＋开放（2） |
| 诚信 | G | 诚信（79）＋做人（10）＋道德（7）＋正直（4）＋信任（3）＋诚实（3）＋公平（3）＋真诚（3）＋光明磊落（2） |
| | M | 诚信（99）＋修身（9）＋做人（8）＋道德（8）＋公平（6）＋正直（6）＋感恩（5）＋真诚（4）＋仁（3）＋诚实（2）＋良心（2）朴实（2）＋谦虚（2） |
| 卓越 | G | 卓越（37）＋止于至善（2） |
| | M | 卓越（42）＋引领（4）＋领先（2）＋声誉（2） |
| 和谐 | G | 和谐（30）＋共赢（24）＋团结（16）＋以人为本（15）＋合作（15）＋共享（14）＋共创（13）＋融合（8）＋协同（7）＋团队（6）＋同心同力（5）＋包容（3）＋凝聚（3）＋规范（2）＋和气（2）＋全局（2） |
| | M | 团结（44）＋和谐（30）＋团队（19）＋共赢（18）＋以人为本（16）＋合作（13）＋协作（13）＋包容（9）＋尊重（6）＋共享（5）＋成人达己（2）＋规范（2）＋和气（2）＋善待他人（2）＋共识（2） |
| 责任 | G | 责任（26）＋客户（24）＋社会（22）＋员工（17）＋品质（15）＋国家（14）＋股东（12）＋价值（7）＋企业（7）＋人才（7）＋人民（4）＋绿色（3）＋安全（2）＋使命（2） |
| | M | 责任（34）＋客户（21）＋社会（19）＋员工（19）＋国家（7）＋品质（5）＋股东（5）＋企业（4）＋健康（4）＋人民（3）＋利益相关者（3）＋安全（2）＋绿色（2） |

| 维度 | | 核心价值观频次统计 |
|------|---|------------------|
| 务实 | G | 务实（22）+高效（12）+绩效（11）+求实（7）+专业（5）+稳健（5）+科学（3）+行动（2）+严格（2）+知行合一（2） |
| | M | 务实（63）+高效（23）+求实（19）+绩效（9）+严谨（7）+执行（6）+专业（5）+实干（5）+踏实（5）+稳健（4）+勤俭（4）+市场（3）+敏锐（2） |
| 奉献 | G | 奉献（21）+敬业（10）+忠诚（8）+服务（7）+牺牲（2） |
| | M | 敬业（28）+奉献（26）+忠诚（17）+服务（2） |
| 进取 | G | 进取（19）+发展（17）+拼搏（14）+艰苦奋斗（14）+锲而不舍（12）+开拓（11）+超越（11）+事业（7）+永创一流（7）+自强不息（6）+精益求精（5）+艰苦创业（5）+追求（4）+自勉（3）+解放思想（3）+敢为人先（2）+竞争（2） |
| | M | 进取（40）+艰苦奋斗（39）+拼搏（32）+发展（20）+学习（19）+锲而不舍（17）+超越自我（12）+艰苦创业（12）+开拓（11）+勤奋（8）+精益求精（6）+自强不息（6）+事业（6）+追求（6）+争创一流（5）+竞争（4）+与时俱进（3）+敢为人先（3）+勇气（3）+理想（3）+赢（2）+品牌（2）+自省（2） |

注：① G 代表国有企业，M 代表民营企业；②考虑到篇幅，关键词频次为 1 的没有出现在表格里；③根据频次高的合并频次低的原则，在同义词的合并中，国有企业的"报国"被并入"国家"，而民营企业的"国家"被并入"报国"；在进取维度，国有企业的"艰苦奋斗"并入了"奋进"，而民营企业的正好相反；国有企业的"超越自我"并入了"超越"，民营企业的也相反。类似的还有"永创一流"和"争创一流"，"创业"和"艰苦创业"等。我们在做国有企业和民营企业的比较时，这些价值观仍然可以相互替换。

在表 2-3 中，卡方值为 37.752，Pearson 卡方计算出来的近似概率为 $0.000 \leqslant 0.05$，且 $\leqslant 0.01$，有极高的统计学意义，且没有单元格的理论频数小于 5，可以认为国有企业和民营企业的核心价值观有显著差异。

表 2-3　卡方检验结果

| | 值 | *df* | 渐进 sig.( 双侧 ) |
|---|---|---|---|
| Pearson 卡方 | 37.752 | 7 | .000 |
| 似然比 | 37.841 | 7 | .000 |
| 有效案例中的 *N* | 2115 | | |

在核心价值观的八个维度上,"务实"和"责任"维度的比例相对其他六个维度差别比较大。为弄清国有企业和民营企业在"务实"与"责任"两个维度上的具体差异,笔者对这两个维度进行卡方检验。在"务实"维度中,各个关键词的差别都较大,特别是在"务实"、"业绩"及"稳健"这三个关键词上。国有企业的关键词"务实"所占比例为 34.9%,民营企业则为 46.3%,两者相差 11.4 个百分点,民营企业的核心价值观比国有企业更强调"务实"。国有企业的"业绩"所占比例为 17.5%,民营企业所占比例为 6.6%,两者相差 10.9 个百分点。因此,国有企业的核心价值观比民营企业更加强调"业绩"。国有企业关键词"稳健"所占比例为 7.9%,民营企业所占比例为 2.9%,两者相差 5.0 个百分点,因而国有企业的核心价值观比民营企业更加强调"稳健"。经过务实维度的卡方检验,其卡方值为14.795,Pearson 卡方计算出来的近似概率为 $0.039 \leqslant 0.05$,但是有31.3% 的格子理论频数小于 5,按照规定,一般不宜有超过 20% 的格子理论频数小于 5。因此,需要运用蒙特卡罗模拟方法计算精确概率,精确概率为 $0.035 \leqslant 0.05$,在 99% 可信区间为 0.034~0.036,按 $\alpha=0.05$ 的检测水平可以认为国有企业和民营企业的"务实"维度有显著差异。

在"责任"维度,"责任"、"品质"、"股东"、"国家"及"员工"这五个关键词的差异较大。国有企业关键词"责任"所占比例为20.0%,民营企业所占比例为30.9%,两者相差10.9个百分点,民营企业的核心价值观比国有企业更加强调"责任";国有企业的关键词"品质"所占比例为11.5%,民营企业的为4.5%,两者相差7.0个百分点,国有企业的核心价值观比民营企业更加强调"品质";国有企业关键词"股东"和"国家"所占比例分别为9.2%和10.8%,而民营企业的分别为4.5%、6.4%,分别相差4.7个百分点和4.4个百分点,国有企业比民营企业的核心价值观更加强调"股东"和"国家";国有企业"员工"所占比例为13.1%,民营企业的为17.3%,两者相差4.2个百分点,民营企业的核心价值观比国有企业更加强调"员工"。经过卡方检验,其卡方值为10.217,Pearson卡方计算出来的近似概率为0.116, ≤ 0.05,差异有统计学意义,且没有单元格的理论频数小于5,按α=0.05的检测水平可以认为国有企业和民营企业的"责任"维度有显著差异。

## (八)对比研究

在中国企业的价值观研究成果里,笔者的研究结果与郑伯壎教授的研究结果最为近似。他的"卓越创新"与笔者的两个维度相同,即"卓越"维度和"创新"维度;"正直诚信"与"诚信"维度相同;"社会责任"与"责任"维度相同;"科学求真"和"绩效导向"与笔者的"务实"维度相同,"甘苦与共"与笔者的"进取"相同,"团队精神"和"敦亲睦邻"与笔者的"和谐"类似,"顾客取向"与笔者的"责任"维度有交集。至于他认为的"社会责任"和"敦亲睦邻"是中国企业的独特维度,与贵索等人的研究结果比较,这种结论确实为时过早。

曲庆在对比研究中国和美国各 43 家优秀企业的文化陈述后,发现中美企业都非常重视客户、创新、团队协作。笔者的研究也进一步验证了这个判断。他的研究发现,中国企业使用"卓越"的比例比美国企业高很多。笔者的研究虽然没有进行中美企业的对比研究,但从国企和民企的频次统计看,"卓越"和"追求卓越"确实是中国企业比较喜欢的用语,以至于其成为核心价值观的一个独立的维度。贵索等人的研究则把"卓越"并入"创新"的类别。"卓越"(excellence)原本是外来语,最先出自彼特斯和沃特曼的畅销书《追求卓越》,当该书享誉世界后,在中国改革开放的背景下,中国企业持续学习西方企业成功的管理经验,"卓越"的术语理所当然在各行各业得到推崇。

忻蓉等人对 120 位国企高层经理进行调查得到企业文化的十个维度。与笔者的八个维度相比,有"创新""和谐"这两个相同的维度,他们的"实用主义"、"结果导向"和"奖酬导向"三个维度与笔者的"务实"维度类似,"顾客导向"和"员工发展"与笔者的"责任"、"和谐"和"诚信"三个维度有很多共同的关键词,"贡献"维度与笔者的"奉献"和"进取"维度相近,"未来导向"与笔者的"卓越"维度有交集。其独特的维度是"领导行为"。因为他们的数据来源是高层经理的开放式调查。可能本着领导自身的责任和义务，高层经理们相信他们对企业业绩和企业文化的重要影响，因而强调了企业文化里领导风格的作用。另外，他们所做的企业文化维度研究要在范围上大于价值观的研究，出现独特的维度，并不偶然。

贵索和他的同事研究了美国标准普尔指数的 500 家企业（以下简称美国企业）的价值观的结构。他们发现，"创新"（80% 的公司）、"诚信"和"尊重"（70% 的公司）、"品质"（60% 的公司）及"团队"（50% 的公司）是频数最高的五个关键词。中国企业 500 强频数最高的价值观分别是"创新"（36%，213/588，213 是国企与民企关于"创新"关键词的合计，588 是笔者实际研究采纳的国企和民企 500 强两个榜单的实际合计数）、"诚信"（30%）、"务实"（14%）和"卓越"（13%），"团结"、"和谐"和"责任"的比例均为 10%。因此，美国和中国的企业都非常重视"创新"和"诚信"这两个价值观。准确地说，美国企业比中国企业更重视，因为美国企业这两个价值观的"持有比例"是中国企业的两倍多（80%/36%，70%/30%）。在曲庆对比中美优秀企业文化陈述的研究里，他发现中国企业在整体上对创新理念的强调程度超过美国的结论，在本项研究里却正好相反，而其他价值观的差异就很大。美国企业更重视"尊重"、"品质"和"团队"，而中国企业则重视"务实"和"卓越"。其中，笔者把"尊重"和"团队"这两个价值观并入中国企业的"和谐"维度，美国企业虽然没有"务实"的价值观，却不乏诸如"绩效"、"结果"和"超越客户期望"等价值观；贵索等人还把 500 家企业重复出现的价值观整理出 50 个，并分成九个类别或单元，分别是"诚信""团队""创新""尊重""品质""安全""社区""沟通""努力工作"。他们的分类与笔者的差别就非常明显。例如,在他们的创新单元里,包含"创新""创意""卓越""改进""激情""自豪""领导力""成长""绩效""效率""结果"等价值观。与笔者的"创新"、"卓越"、"务实"和"奉献"四个维度都有交集;他们的"品质"、"安全"和"社区"三个单元,在笔者看来都应该归入"责任"维度。与其说两者的分类差异大,不如说双方在分类标准上存在巨大差异,或者说分类标准本来就是一个主观性很强的判断。

# 第三章

## 如何进行企业价值观管理？

企业价值观对员工和企业发展所具有的重要功能使价值观管理成为企业管理的重要组成部分。如何设计和提炼企业的价值观体系，如何把抽象的价值观转化成可以观察和测量的工具，如何对员工的价值观进行考核，以及如何根据环境的变化推进企业价值观的变革等，构成本章的主要内容。

企业价值观是企业文化的核心，企业价值观管理自然就是企业文化管理的核心内容。价值观管理就是以员工践行企业的价值观为目标，建立和健全能够贯彻执行企业价值观的各种制度和方法的系统。如果价值观不能落地并转变成具体的规章制度，指导、激励和约束员工的行为，价值观的建设就不会转变成员工"践行的价值观"，而是始终停留在"标榜的价值观"或"共同的价值观"上。

# 一　企业价值观的功能

有些企业家从创业开始就把自己的价值观写在墙上，希望公司的员工和他一起去努力。如果创业成功，企业家和媒体会把公司的成功归于天才的设计和理想的指引。当然，如果创业失败，人去楼空，唯有墙上的价值观还在，也会落下让别人嘲笑的把柄：年轻人啊，志大才疏。有更多企业家是在度过了艰难的最初几年后，事业已经初具规模，才开始思考企业价值观的问题。比如，惠普的两位创始人戴维·帕卡德和比尔·休利特在1939年成立公司的时候，没有宏伟的项目计划书，没有太长远的想法（也就是现在的企业战略）。帕卡德远在纽约的通用电气上班，偏偏又交了一个老家的女朋友，日夜思念。休利特刚完成研究生学业，技术和理论已经处于行业领先。两位斯坦福大学高才生的老师也积极撮合他们在学校周边找个办公地点，承接学校和校友们的订单，也可以解决谋生问题。美国当时的经济还没有走出低谷，找个工作不容易，找到工作也挣不了多少钱。就这样，惠普这个校园创业公司诞生了。到了1958年，公司的员工超过2000人，董事长帕卡德感觉已经很难喊出每个员工的名字，应该为这个组织的成员定几条规矩。这些规矩到后来被提炼为"惠普之道"。其抽象的意义在于"要尊重别人"。而在当时，这些规矩都是非常具体的"为人处世"的方式，包括：首先考虑其他人；树立"别人非常重要"的意识；尊重他人的人格；给别人真诚的赞美；消除消极态度；避免当众教育别人；努力理解别人；注意你给别人的第一印象；关注细节；真正地关心别人；坚持不懈。

　　不管是创业伊始的企业还是初见成效的企业，企业价值观的设计都是应该的。只不过创业公司的价值观最好选择非常简洁的设计，甚至就几个关键词。这是因为创业初期的员工队伍较少，人际关系简单。在创业初期，人员少，创始人几乎每天都和员工有长时间的交流和合作，甚至吃住都在一起，有充分的时间沟通思想，灌输企业家个人秉承的价值观。大家感情真挚，人际关系简单，不宜开展价值观建设。否则，复杂的价值观体系建设只会把员工之间的关系搞复杂，让员工发现一个整天搞意识形态工作和做PPT的老板是不务实、没有前途的"阴谋家"，从而排斥具有实干精神的创业团队，降低创业热情，甚至导致企业夭折。很多创业成功的企业家在公司规模不断壮大的过程中，会经常回忆创业初期的美好时光。虽然那时的日子过得很苦，没有像样的办公场所和环境，没日没夜地加班，但是大家的想法很简单，就是要把自己的产品或服务早日推向市场。每一次很小的收获，大家都会举杯相庆、击掌叫好。

当企业发展进入快车道，产品或服务已经在市场占得一席之地，新员工大量进入，部分老员工开始离开的时候，旗帜鲜明地建设企业价值观的时机出现了，因为企业创业已经成功。老员工因为见证了老板的理想变成现实，开始抛弃曾经对老板价值观的怀疑和不理解，新员工也不需要太多的灌输，因为他们在公司到处都能听到企业家成长的故事和语录。因此，在这个时期，企业需要把过去的成功经验提炼，形成比较系统的价值观体系，制成《企业文化手册》和《员工手册》，让员工平时查阅和充当新员工入职的文化培训教材。

然而，国有企业就没有民营企业这么幸运。越是成熟和稳定的国有企业，企业新上任的主要负责人就越不容易建立起个人威信，发挥企业文化建设的强势领军人物作用，企业价值观的提炼和宣传贯彻也会经历更多的考验。另外，国有企业领导的任期制，也会使企业价值观的建设出现一些变数。

只要企业保持稳定的增长势头，企业的价值观就不会受到任何人的质疑和挑战。虽然创始人经常会发出"我们的企业离破产只有××天"的警告，大家都清楚这是老板的"危机意识"，似乎有前途的企业家都喜欢这样的危言耸听，说得越多，企业家就越有魅力。

企业价值观究竟具有什么功能呢？一般认为，对内和对外，价值观都具有重要的功能。对内，价值观具有榜样、约束和增强凝聚力的作用。对外，价值观具有吸引人才和提升企业形象的作用。

榜样的力量。企业价值观为员工提供价值理想和价值目标，进而提供价值选择标准，为员工的行为决策提供方向和依据。能够完美演绎企业价值观的员工就是企业价值观的现实标准，可以让员工在日常工作中进行对照。企业精神是中国企业价值观的一个重要组成部分，是企业刻意培育出来的员工价值标准，如英雄主义是美国企业价值观的组成部分，在本质上，它们具有相同的功能。榜样的力量，也可以解释为示范功能、激励功能和导向功能等。

约束功能。惠普公司的创始人帕卡德提出的 11 条价值观，既可以看作协调员工之间关系的指导意见，也可以说是规范员工人际交往的一些要求。价值观是一种价值标准和价值规范，它规定了企业员工哪些行为是企业鼓励做的，哪些行为是企业反对甚至不允许的，因此，有些学者认为，企业文化也是一种控制。企业文化的控制功能就是通过价值观来规范组织成员的行为。有些企业除了提出我们主张什么，还提出我们反对什么，比如雪松控股集团有限公司的"七德"和"七戒"。因此，协调功能、控制功能、规范功能和约束功能等都是同义的。

凝聚功能。根据笔者的定义，企业价值观包括标榜的价值观、共同的价值观和践行的价值观三种，其中，除了标榜的价值观，后两者作为企业员工认同的价值标准，在企业的经营管理过程中会成为黏合剂，把员工的思想和行为都统一起来，形成"心往一处想，力往一处使"的合力效应。价值观越是能够在广大的员工范围内产生共识，越是能够激起员工强烈的感情，这种凝聚功能就越强大。当企业处于逆境的时候，这种凝聚功能能够增强企业的抗风险能力，增强员工同舟共济、克服困难的信心。有很多企业认为，企业文化的功能在于"内聚人心、外塑形象"，就是特别强调了价值观的凝聚功能。

吸引人才。企业可以通过价值观的标准去选择新员工。在人力资源理论上，如何测量新员工的价值观与企业价值观的契合，一直是个热点问题。在人力资源市场上，当工作难找的时候，应聘者一般是冲着工作来的，不会在意企业的价值观。事实上，这时的应聘者只能被迫接受企业的价值观，或者假装接受。当工作好找的时候，在待遇差别不大的情况下，应聘者就会关注企业的价值观是否与自己的价值观相近或吻合。物以类聚，人以群分。企业通过互联网或者其他媒体展示企业价值观，会对那些正在找工作的人提供一个选择。

提升形象。"有文化"的企业和"没文化"的企业，在企业形象上的差别很大。笔者把企业规模大但没有文化的称为企业"土豪"。随着"土豪"这个词语网络新义的流行，《现代汉语规范词典》（第三版）在修订的过程中也补充了新的义项："土豪"原本是指"旧时地方上的豪强，即农村中有钱有势的恶霸地主"，"今也指富有钱财而缺少文化和正确价值观的人"。因此，这里的"土豪"就是指那些有钱而缺少文化和价值观的企业。没文化和没有正确价值观的人，我们一般都不会愿意与他交往，那么，没有文化和正确价值观的企业，你愿意加入吗？

# 二 企业价值观的确定

　　企业价值观的确定，包括价值观的提出和锤炼两个方面。即便是民营企业的企业价值观，在创业企业家提出后，一般也会征求很多人的意见，比如家庭成员、创业团队的其他成员、企业家的朋友等，有时也会邀请咨询公司参与。中国国有企业的情况就要复杂很多。价值观的提出者，党和国家领导人（鞍钢宪法、开滦煤矿的企业精神就是毛泽东主席提出的，中国航天集团的三大精神凝聚着中国几代领导人的智慧）、政府各级领导、企业领导人和企业员工等都有可能，这是企业的性质决定的。一般情况下，由企业的领导班子提出初步意见，然后交给各部门和基层单位进行讨论并提出修改意见。如果意见不集中，价值观"确定"的过程就会长一些，直至能够达成共识。不过，也有国有企业在"时间紧、任务重"的情况下，由领导班子集体讨论达成，或者交由办公室或者相关部门在很短时间内形成。

　　正因为企业价值观具有如此重要的功能，因此，确定企业价值观是非常重要的。以下是确定企业价值观的一些建议。

## （一）价值观的陈述要简洁、不要重复

价值观的陈述能用一句话说清楚的就用一句话。如果企业价值观以价值观组合的形式出现，要避免同一价值观被反复宣传。"重要的事情说三遍"，适用于领导布置工作，不能用在价值观上。科林斯和波拉斯建议，核心价值观最好不要超过五个。否则，你很难说清楚怎么会有那么多核心价值观。

## （二）价值观尽可能用关键词的形式展示

价值观是企业认为重要和有意义的事情。用一个关键词，哪怕关键词只是一个字，其实意义已经清楚，无须多言。试想一下，假如企业的价值观，尤其是核心价值观内容很多，不考虑篇幅，把它们刻在公司门口的石碑上、粘贴在企业的墙上或悬挂在公司大楼前，会是什么样子？

## （三）对价值观进行解读

企业价值观的陈述要求简洁，但是在价值观陈述的后面应该对价值观进行详细的解释，因为每一句话或每个关键词对不同的人都有不同的意义。一方面，即便是表面上非常简单的词语，比如中国

企业特别喜欢选择的"创新"，因为创新有很多种类的创新，企业要讲清楚是"技术"、"产品"、"管理"或者其他形式的创新。另一方面，企业价值观除了实现企业内部的功能，还有对外部吸引人才和提升企业形象的功能。内部员工经过培训，都知道企业的价值观是什么意思，而外部的人却不一定清楚企业价值观的意义。比如"以人为本"的价值观，这个"人"是指企业员工还是消费者，还是整个世界的人。就像早年红塔烟草（集团）有限责任公司（以下简称红塔集团）提出了"山高人为峰"的价值观后，外部的很多利益相关者都搞不懂那个"人"是谁。青岛海尔股份有限公司（以下简称海尔集团）的核心价值观之一是"人单共赢"，如果没有企业的解释，很少有人知道这句话的意思。

## （四）价值观的确定要体现产业特征

优秀的企业价值观设计一定是不能落地，也不能抽象到无踪迹可循。不能落地，指的是在企业愿景的陈述时，不能把企业生产的产品或服务具体描述出来。如果太具体，企业愿景对员工能够产生的激励作用不大，如果某些企业已经是某类产品或服务的领导者，那么这种企业愿景几乎没有激励作用。因为产品和某些具体服务的生命周期越来越短，与企业愿景的"可望不可即"的性质背道而驰。企业使命是企业存在的目的和意义所在，如果沿着"手段—目的"链推导，所有企业提供的产品和服务最终的意义都是"让生活更美好"或"让世界更美好",也就丧失了企业使命设计的初衷。以企业使命为例,3M 公司的"用创新的方法解决未解决的问题",与其卓越的"创新"型企业性质高度吻合。麦肯锡公司的"帮助领先的公司和政府更加成功",与其咨询行业所处的地位一脉相承。中国建筑的"拓展幸福空间"、阿里巴巴网络技术有限公司(以下简称阿里巴巴)的"让天下没有难做的生意"也都是非常精彩的设计。

## (五)要把企业战略和企业核心价值观区别开来

企业战略是企业对未来某一段时间关于企业目标及实现目标所做的通盘考虑和设计。企业战略是企业在公司的愿景、企业使命和其他纲领性文件的指导下,结合企业内外部环境和企业的实际条件做出的规划设计,因此,企业愿景和使命是企业战略制定的依据,不是企业战略的内容。战略目标从理论上来说永远小于企业愿景。那么,企业价值观包括企业战略吗?很多中国企业在做企业价值观体系设计时,都会把企业的战略目标考虑进去。笔者认为,在企业的核心价值观部分,不能把企业的战略目标与之并列,因为战略目标来源于核心价值观的指导。在企业的一般价值观部分,则可以把战略目标与其他价值观同列,因为这些价值观和战略具有灵活性和可调整性。

## （六）吸取中国传统智慧，设计有特色的价值观展示形式

如果不下功夫精心设计，企业价值观最终还是落入一些常见的漂亮关键词的俗套。很多企业认为自己的企业是在特殊的历史背景、特殊的企业环境下，由某个敢想敢干的企业家最终打拼出来的事业，具有"敢为人先"和"艰苦奋斗"的企业精神，而且这种精神是独特的。但是，综观中国500强企业的企业价值观，你会发现"敢为人先"和"艰苦奋斗"的精神比比皆是，实在没办法分清楚谁比谁更特殊。乔安妮·马丁发现，很多企业自以为非常特殊、蕴含企业价值观的故事，其实可以在很多企业找到，不足为怪。但是，如果企业一定要在价值观上形成特色，那只能在表现形式上做文章。中国传统文化源远流长，关于"做人做事"的陈述方式多种多样，为企业独特设计提供了非常多的选择。例如，把"诚信"设为企业核心价值观的企业简直是多如牛毛，但是中国工商银行的"工于至诚、行以致远"的价值观就一枝独秀。许多企业设置了"追求卓越"的价值观，但是唯有中国移动的"正德厚生、臻于至善"让人印象深刻。同样都是"做人做事"，海航集团的十条"同仁共勉"，用行草风格书写，确实与众不同。因此，挖掘传统智慧演绎现代企业精神的做法，是一个既让企业价值观塑造具有特色又能让价值观散发出迷人文化气息的途径。

# 三　企业价值观的设计

价值观体系。价值观体系是看不见的，只有通过实践或行为表现才能被识别。价值观体系是企业实践的原则和指南，应该通过适当的方式，即仪式、管理制度、榜样、符号等具体体现出来。

仪式。企业价值观不能只以《企业文化手册》《员工手册》等静态形式存在，要同时设计出员工誓词、公司歌、晨会口号等多种形式让员工经常操练。晨会口号要把核心价值观编辑其中，员工每天都要朗读，公司歌每天都唱，公司每次大会还要集体朗诵《员工誓词》。这些形式只要坚持半年以上，基本能够习惯成自然，员工也在不知不觉中熟悉企业价值观，甚至领悟价值观。仪式是一种比培训更好的学习方式。也许你还会认为，这些东西还是形式，有什么用？既然要让员工接受企业价值观，首先就要让员工大声说出来、喊出来和唱出来。这些仪式正好是帮助员工学习、认识和强化价值观认同的管理，也是一个"润物细无声"的过程。如果员工在自己的同事面前都不愿意说出来和唱出来，自然也不会把企业价值观内化于心。

管理制度。企业价值观的制度设计要贯穿员工成长的全过程。首先，新员工招聘是把好用人的第一关。在理论上，霍夫斯塔德发现，员工的个人价值观一般在进入职场前已经形成，后天的可塑性不大。这给人力资源管理提供了重要启示，从一开始就鉴别并招聘与企业价值观相近的员工，可以减少企业的管理成本。因此，如何测量和评估新员工的价值观与企业价值观的契合度是企业价值观管理的重要环节。其次，新员工的入职培训。企业文化培训是新员工培训的必要环节。由企业主要领导来讲解企业价值观的含义，其他领导讲解企业价值观的管理系统，让新员工迅速了解企业对他们的期望。当然，新员工培训仅是企业培训体系中的一个部分，企业文化越是成熟的企业，培训工作越能贯穿员工培养的始终。因此，人力资源部门的人才培养规划，应该包含在员工成长的不同阶段或过程中企业价值观培训课程内。员工的价值观考核是企业价值观贯彻的核心环节，在本书中有详细的介绍。员工职业通道的晋升也是彰显企业价值观的重要组成部分。越是重要的人事安排，对员工价值观的考核就应该越苛刻，比如深圳华为技术有限公司（以下简称华为）的"一票否决制"。在阿里巴巴的价值观考核环节，考核优秀的员工虽然不拿奖金，但有机会获得晋升。最后，在员工的解聘管理上，业绩考核不合格价值观考核也不合格的员工离职没有悬念，价值观考核合格但业绩考核不合格的员工应该还有机会。

榜样。榜样的示范功能、导向功能和激励功能是价值观最重要的体现形式。把企业的绩效管理与企业价值观挂钩，把那些绩效优异和努力践行企业价值观的员工塑造成企业的榜样。企业需要各个部门、各种岗位、各种年龄的榜样，榜样宜多不宜少。如果太少，榜样的激励功能不足，弄不好还会激化榜样与其他员工的冲突与对立。只有人人都有机会做榜样，员工才会努力做榜样。同样，榜样的评选应该定期或不定期。如果员工达到榜样的标准，企业应该马上给员工戴红花、授红旗，或者发奖品，不要让榜样等太久。企业应该每月、每季度，甚至每天都有榜样出现。小榜样要表扬，大榜样要授奖。

符号。符号是企业价值观宣传的载体，分为具体的价值观符号和抽象的符号两类。具体的符号包括企业内部各种宣传载体上关于企业价值观的宣传标语和印着价值观口号的各种物件。抽象的符号是指通过应用视觉识别系统来宣传企业价值观的物品，以及能够反映企业价值观的抽象设计，比如办公室的设计和装修、吉祥物、墙上饰品等。

企业价值观的管理设计结构见图3-1。

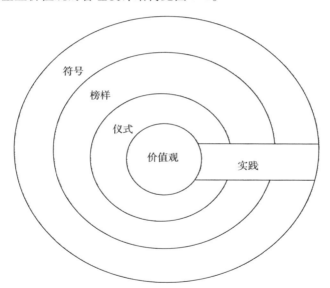

**图3-1　企业价值观的设计结构**

资料来源：Hofstede et al., "Measuring Organizational Culture: A Qualitative and Quantitative Study Across Twenty Cases", *Administrative Science Quarterly* 35（1990）：286-316.

# 四　企业价值观的考核

不能测量的东西，就没办法管理。要对员工的价值观进行有效的管理，必须把企业价值观具体化为一系列的、可观察到的行为，从而能够对照员工的行为进行打分和评估。美国通用电气公司在20世纪80年代开始引入价值观考核。在杰克·韦尔奇的领导下，通用电气的绩效评估系统成为全球很多企业学习的榜样。一些采用360°反馈评价工具的美国公司也积极把价值观考核引入评价体系，把价值观量化成行为规范和标准，包括百事公司、通用机械、波士顿银行等。

通用电气（中国）公司的考核内容包括业绩和价值观两个部分。业绩包括能够反映业绩的财务和非财务指标，如利润率、销售增长率等。价值观是公司不易量化的东西。通用电气的价值观主要包括坚持诚信、注重业绩、盼望革新、充满激情、坚持质量规范、学习与分享等。下级先自评打分，然后上级再给下级打分，得到员工的价值观业绩。这两个部分综合的结果就是考核的最终结果。当员工的考核结果是两个部分都不合格时，员工必须离开公司；当业绩一般，但价值观考核良好时，公司会给员工第二次机会，包括换岗、培训等；如果员工的考核结果是业绩好但价值观不好时，公司仍然要请员工离开；如果员工的两个部分考核都是优秀，那么该员工就是公司的优秀员工，将有提升和加薪的机会。

通用电气公司的价值观打分其实是主观和客观交叉在一起的。在通用电气（中国）公司停止年终业绩考核时，上级要在员工个人自评的结果上进行评价。而且上级最终的评价结果要和员工进行沟通，要以获得分歧意见为前提。双方在沟通时，都必须提出事实依据来证明，不能是想象的理由。如果不能达成分歧，将由上一级经理来处置。

阿里巴巴从2010年开始推行价值观考核制度，在管理界造成了很大的影响。集团把公司的六条核心价值观（公司自称为"六脉神剑"）进行行为细分，每条细化出五个行为指南，形成30项指标，构成企业价值观考核的全部内容。以"客户第一"的价值观为例，价值观考核内容和评价规范如下：尊重别人，随时随地维护阿里巴巴形象（1分）；微笑面对投诉和遭到的冤枉，积极主动地在工作中为客户处理问题（2分）；与客户交流过程中，即使不是本人的责任，也不推诿（3分）；站在客户的立场考虑问题，在坚持原则的基础上，最终达到客户和公司都满意（4分）；具有超前服务意识，防患于未然（5分）。为避免价值观考核流于形式，集团要求员工打分和主管评价下级时，打分过高（共5分，打4分以上）或过低（0.5分以下），都要给出具体的实例。集团每季度考评一次，其中价值观考核部分占员工综合考评分的50%。

由于在价值观考核制度中，价值观的行为细化是个复杂的过程，也是无法绕过的坎，很多企业和学者认为，通过行为观察法（Behavioral Observations）和关键事件法（Critical Incidents）来打分，能够尽量减少主观打分的影响。

# 五　企业价值观的变革

当企业的经营环境发生巨大的变化，或者企业遭遇严重的困难，企业价值观开始受到质疑，推进价值观的变革成为很多企业文化变革的核心内容。然而，企业价值观作为员工的共同的价值观念，一旦形成，难以改变，导致很多企业的变革半途而废，甚至最终破产。

20 世纪 90 年代，计算机产业竞争进入白热化，中小创业企业风起云涌，曾经的行业巨头纷纷节节败退。1999 年，惠普公司迎来一位女性掌门人，卡莉·费奥里娜。在董事会成员面试 CEO 的过程中，有董事明确指出："我们的首要任务是除去惠普之道。"卡莉似乎非常符合这一点要求，她过去在美国电话电报公司任职的19 年里，被人称为"变革代理人"。她虽然不是技术专家，也不是计算机行业专家，但她是个领导。卡莉在惠普的改革获得公司上下大多数人的支持。直到 2001 年 9 月，惠普和康柏对外宣布合并。合并后，休利特家族在公司的股份将被极大地稀释，创始人之一的休利特的儿子挺身而出，反对这桩合并，并捍卫父亲所确立的传统价值观。这桩合并计划将让至少 15000 人被裁，与"惠普之道"倡导的雇佣者和被雇佣者之间紧密的情感联系相背离。最终，卡莉获得董事会微弱多数的支持，惠普合并康柏案得以通过。合并之后的惠普也没有取得明显的成效，惠普始终处于结构和业务不停调整中，卡莉的行事作风也受到越来越多人的质疑。2005年，失去耐心的董事会提前解除了与卡莉的合约。

另外一个行业巨头IBM，则在20世纪90年代的变革中获得成功。1993年，当年亏损80亿美元的IBM请来郭士纳接任主席兼CEO。《基业长青》的作者认为，至少就他们研究的愿景公司的历史来看，这种聘请外部人的做法毫无意义。IBM公司内部居然找不到一个合适的接班人，让他们非常吃惊，这与他们研究的结论不符合。让业界不可思议的是，此前从未涉足IT业的空降兵郭士纳，成功扭亏为盈。这位"扭亏魔术师"的秘诀既不是重大的技术突破，也不是价格战，而是重拾过去制胜的根本：客户至上。郭士纳领导的IBM是围绕着客户来整合资源，而不是像过去围绕产品或地域分布来划分资源。但是，整合并不是将所有业务高度集中，而是将该分立的高度分立，将共享的部分进行整合。在保持IBM公司完整的基础上，郭士纳个人充满激情的领导风格和公正的做事方式为IBM注入了新的理念。

关于企业价值观变革最糟糕的案例之一，就是为安然公司（Enron）财务造假的安达信公司。在艾利斯《付出的代价》一书里，他认为"安达信公司曾经是世界上最受尊敬的审计与专业服务公司，在一次又一次自我毁灭式的衰败后，最终走向灭亡"。作者追溯这家公司到1950年，当时的公司领导人改变了过去的价值观，将原本重视的品质和诚信改变为超过竞争对手的营收数字和市场地位。当安达信业务拓展到全世界时，放弃了原本以卓越和专业为目标的实务做法。例如，原先所有的会计师必须在审计部门工作两年的规定，以及采取"全球利润库"的做法以确保所有合伙人都能为彼此的业务承担责任。但是，随着公司的快速扩张，这些价值观和相应的规定都被放弃了。

时代在变化，不同的时代产生了不同风格和个性的企业家群体。企业价值观的"与时俱进"是一个具有争议的话题。似乎不与时俱进，不更新和升级原有的价值观版本，就是一种守旧、拒绝接受时代变化的态度。《基业长青》一书的观点，就是企业的核心价值观作为企业的基因或精髓，是不能更改的。至于其他价值观，如管理理念、经营理念等，则可根据企业经营的具体情况而变化。唯有核心价值观不可变，其他一切皆可变。

# 第四章

## 中国企业 500 强价值观体系的构建

　　在整体上，民营企业比国有企业更重视价值观体系的建设，而且很多优秀民营企业的价值观体系已经为企业的持续发展做出了巨大贡献。然而，中国企业 500 强中很多企业的价值观建设仍然处于探索建设时期。从标榜的价值观体系看，无论是体系设计、价值观的提炼、价值观陈述的方式等，很多企业还需要花费相当的功夫去雕琢。

除少数几家企业外，2017年中国500强企业绝大多数在官网上展示了企业价值观或价值观体系。有30多家企业制作了《企业文化手册》和《理念识别系统》之类的资料，作为企业价值观建设的重要成果。大部分企业的价值观体系明显受到西方优秀企业和商业畅销书影响，使"企业使命（或宗旨）、企业愿景和核心价值观"成为理念体系的标配。此外，"企业精神"的提炼和陈述形成中国企业不同于美国企业的一个重要特征。有少数企业采用中西语言风格相融合的方式，形成具有鲜明特色的理念体系。还有少数企业吸取中国传统文化中的智慧形成企业的价值观，分外引人注目（这部分内容在第六章有介绍）。这些代表中国"最厉害"的企业，在代表精神文明建设的价值观体系建设取得显著成绩的同时，也需要不断地去调整和完善价值观体系。具体来说有以下几个方面。

# 一 价值观体系构建逐渐受到重视

在2017年的中国企业500强中，国有企业（包括国有控股企业）有274家，民营企业有226家，占比分别为54.8%和45.2%，国有企业在数量上稍多于民营企业。除了江苏国泰国际集团，其余499家都可以在网络上找到官方网站。另外，中国企业联合会和企业家协会负责整理排名的工作组，在没有做特别说明的情况下，把多年来一直表现出色的几家烟草企业剔除，包括上海烟草集团、红塔集团、红云红河集团等。因此，2017 年的榜单呈现"禁烟"的特点。相较于 2015 年，2017 年的中国企业 500 强在企业价值观建设上已经有了很大的进步。笔者的研究团队曾经在 2015 年做过一个同类研究，发现在当年的 500 强里（包括中国企业 500 强和中国民营企业 500 强），365 家国有企业里有 12 家企业无法从互联网上找到公司的介绍和相关文化信息。民营企业 500 强里，有 56 家企业没有信息。在互联网的时代，企业网站已经成为宣传企业的重要平台，也是企业文化宣传和管理的重要工具。同时，很多企业在 2016 年、2017 年纷纷推出企业的价值观体系，而且印发了企业的文化手册，如中国邮政集团、安徽建工集团。有些企业在 2017 年之前虽然在网站设立了企业文化栏目，但栏目里陈列的是诸如"领导关怀""企业新闻""员工文化活动"等内容，并没有企业的价值观体系，这些企业在 2017 年后也相继推出企业价值观，如百联集团、上海东浩兰生国际集团及四川蓝润实业集团等。百度公司、人民电器集团、长春欧亚集团和双胞胎集团等则对原先的价值观体系做了大幅调整，使 2017 年的价值观体系与之前的形成鲜明对比。

民营企业在整体上比国有企业重视企业文化建设，而且很多企业已经在经营管理过程中形成了强大的生产力和竞争优势。平安集团、华为、中兴通讯、联想集团等都是非常典型的案例。它们在 20 世纪 90 年代就启动文化建设，如今已经形成各具特色的价值观体系，价值观念深入员工内心并转化为实际行动，在企业发展中起到越来越重要的作用。很多民营企业的价值观体系还在社会上广泛流传，引起管理界的高度关注，成为很多创业企业学习的榜样，如华为的文化。国有企业的文化建设则姗姗来迟。大部分国有企业的文化建设动因还是国家主管部门的推动。2005年3月，国务院国资委颁布了《关于加强中央企业企业文化建设的指导意见》（以下简称《意见》），很多国有企业才逐步启动。《意见》第六条（企业文化建设的规划）指出："根据本企业的行业特征和自身特点，确定企业的使命、愿景和发展战略。"《意见》第七条（企业文化建设的实施步骤）要求"……提炼企业精神、核心价值观和经营管理理念，进一步完善企业规章制度，优化企业内部环境，导入视觉识别系统"。根据这两条意见，笔者研究发现，很多国有企业的价值观体系都包含上述要求确定和提炼的内容。

2013年12月，党中央推出了《关于培育和践行加强社会主义核心价值观的意见》，在全国掀起了一场声势浩大的学习热潮。很多企业结合自身实际情况，进一步提炼企业的价值观。其中，2016年8月，南网领导班子经过深入学习和研究，直接把原先的《南网总纲》定义成集团的价值观体系。

2015年10月，在中国共产党十八届五中全会上，习近平总书记提出"十三五"规划的"五大发展理念"，有几家国有企业在原先的价值观体系里增加了这五大发展理念，突出企业学习和领会习总书记系列讲话精神，如中国电力建设集团。

# 二　企业价值观体系设计各有千秋

　　企业价值观的表现形式多种多样，为企业界定价值观的组合及进行价值观的分类提供了丰富的选择。首先，价值观体系的名称就有很多选择。例如，中国林业集团把价值观体系称为企业愿景，山西建筑工程集团和人民电器集团称企业精神，国家开发投资公司称企业价值观，中国农业银行称核心理念体系，正泰集团称核心价值观体系，四川兰威集团称文化理念（称文化理念的企业居多）等，还有不少企业称理念体系或企业文化。正因为这些关于价值观的术语在概念上的交集较多，理论上也很难准确定义它们之间的相互关系，才会出现这种百花齐放的现象。其次，在价值观的分类上，除了使命、核心价值观和愿景这三个项目一般被认为属于核心理念的范畴，其他项目在不同的企业价值观体系里还是会有一些区别。

　　四川华西集团有限公司的价值观体系包括五大核心理念和八大基本理念。核心理念包括企业精神、企业宗旨、品牌推广语、企业愿景及企业价值观五项。基本理念则包含经营理念、管理理念、人才理念、安全理念、环保理念、质量理念、服务理念及廉洁理念八项。华西集团关于"核心"和"基本"的划分，也不容易分清楚哪个更重要。

　　紫金矿业集团股份有限公司的价值观体系包括核心理念体系

和辅助理念体系。其中，核心理念体系包括战略目标、经营哲学、经营理念、员工守则、安全环保方针等十个项目。像安全环保方针等似乎放在辅助理念更合适。

北京建龙重工集团的价值观体系分成核心理念和管理哲学两个部分。使命、愿景、企业精神及核心价值观构成核心理念。经营理念、安环理念、质量理念及人力资源理念构成管理哲学。其实，管理哲学还应该包括核心理念、企业文化，因为整个企业的意识形态都可以称为企业哲学。

内蒙古电力集团把企业价值观体系分成基本价值理念和运营执行理念两个部分。基本价值理念包括使命、愿景、宗旨、企业精神及核心理念五项，运营执行理念包括管理、安全、经营、人才、服务及廉洁六个项目。笔者比较赞同这种分类。基本价值理念是全公司员工和所有部门都要坚持和应用的价值观，而运营执行理念主要是指导具体工作，或者是一些具体部门的工作价值观，它们在影响范围和重要性上都不可能与基本价值理念同日而语。

广西投资集团有限公司把价值观体系分成核心理念和管理理念两个部分。盛虹集团分成核心理念和单项理念。安徽建工集团分核心理念和应用理念，核心理念包括企业使命、愿景、核心价值观、企业精神及企业作风五项，应用理念包括战略理念、经营理念、管理理念、制度理念、安全理念、廉政理念、质量理念及人才理念八项。很多企业都不会把企业作风放在核心理念部分。

江西省建工集团有限责任公司的价值观体系包括使命、愿景、核心价值观及核心价值观指导下的相关理念。这些理念包括经营理念、管理理念、营销理念、人才理念、团队、学习、安全、质量、创新、道德及企业精神。江西建工是中国企业500强里唯一没有把企业精神放到核心理念部分的企业。

天津港（集团）有限公司的价值观体系包括核心理念层和应用理念层两部分。核心层有使命、愿景、核心价值及企业精神，应用层有经营理念和管理理念。重庆机电控股（集团）公司的价值观体系包括核心理念和执行理念两部分。核心理念包括机电梦、宗旨、使命、愿景、核心价值观、企业精神、经营理念七项。执行理念包括管理、工作、人才、团队、服务、学习六项。这家企业分类的特色在于把经营理念放在核心理念部分。这难免会让人产生疑问，为什么管理理念不能放在核心理念部分，其原因可能在于中国式管理和美国式管理的差异。我们知道，在接受美国管理理论的大多数国家，"management"没有经营与管理的区分。中国大陆（内地）的学者习惯译为"管理（学）"，中国台湾和中国香港的学者译为"经营（学）"。中国企业认为经营和管理泾渭分明。经营一般是高层管理者的责任，涉及宏观、战略、定位及对外关系等领域，管理则是中层和基层管理者的工作，注重内部的协调和执行高层的部署等。

中国兵器工业集团公司的价值观体系分成价值理念和子文化理念两部分。价值理念有精神、使命、愿景及价值观。子文化理念有工作、质量等十项。哈尔滨电气集团的理念体系分为战略层价值理念、核心层价值理念和执行层价值理念三层。

九州通医药集团股份有限公司的价值观体系分类也比较合理。它分成企业核心理念、企业经营理念、企业管理理念及企业理念延伸系统。其中，企业核心理念包括使命、愿景、核心价值观及企业精神四项。企业经营理念包括业务经营理念、资本经营理念、诚信理念、竞争理念、合作理念、应变理念、市场理念、安全理念、客户理念、危机理念、发展理念、成本理念及品牌理念 13 项。企业管理理念包括战略执行理念、服务理念、权责理念、人才理念、质量理念、制度理念、员工理念、管理者理念、激励理念、成长理念、创新理念、沟通理念、团队理念、节约理念、劳动理念 15 项。企业理念延伸系统包括企业誓词、企业之歌（《九州通祝福歌》）、企业诗歌（《九州之魂》）和企业刊物（《九州通之旅》）四项。

# 三　企业家的"论语"格言丰富多彩

经常有人把企业文化建设称为"老板文化"或"一把手工程"。在中国企业500强里，不管是个性张扬的，还是内敛低调的，从企业的价值观体系和陈述风格上，可以窥见一斑。其中，有那么一批企业家，他们风格高调、思想丰富，其个人的价值观念以语录、格言、箴言或论语等形式直接构成企业文化的重要组成部分。

## （一）太平洋建设集团严介和的《新论语》

该集团创始人严介和是民营企业家里非常重视企业文化建设的典型。在太平洋建设集团取得成就的同时，严介和开始大胆放权给年轻的接班人，退出经营管理班子，成立研究院，组建专业团队，系统地挖掘、整理中国的传统智慧，结合严介和个人的人生经历和感悟，推出《新论语》。该书自2009年出版至今，已经第三版。《新论语》语言诙谐幽默，很多部分前后押韵，诵读时朗朗上口。因为该著作吸纳了大量古今智慧，使人读后茅塞顿开、获益匪浅，因此，在社会上产生了积极的反响。严介和的《新论语》是集团企业文化的旗帜和源泉，为企业员工提供了丰盛的精神大餐。由于《新论语》

篇幅较大，无法系统罗列，笔者从中选取企业的"用人之道"部分进行展示。

（1）用人标准

基层看才能——运动员——只做事不做人

中层看德行——教练员——既做事又做人

高层看胸怀——裁判员——不做事只做人

（2）用人理念

讲文凭更讲水平

讲职称更讲称职

讲阅历更讲能力

讲资历更讲奉献

讲道德更讲风格

（3）用人方法

用人疑，疑人用

理性疑，感性用

公开疑，透明用

（4）用人心态

第一上帝——赏识的部下

第二上帝——尊敬的领导

第三上帝——忠实的顾客

（5）用人风尚

六分人才，九分使用，十二分待遇。

（6）用人胸怀

多赏识，少谴责

用其长，容其短

刀子嘴，豆腐心

（7）用人境界

高层事业留人

中层情感留人

基层待遇留人

（8）用人技巧

善于发现，倾情呵护

从容包容，慷慨使用

（9）用人哲学

成长——既讲失败乃成功之母

成熟——又讲成功乃失败之母

成功——优劣鲜明乃母中之母

（10）成功用人

敢于否定

勇于创新

善于善败

乐于取舍

成于归零

## （二）中国华融资产管理股份有限公司赖小民的文化理念

中国华融资产管理股份有限公司（以下简称华融资产）的文化理念分为九个部分220条理念，成为中国企业500强企业价值观体系里最丰富的样本。华融资产2017年的核心理念如下。

（1）华融梦

努力打造"治理科学、管控有序、主业突出、综合经营、业绩优良"的一流资产管理公司。

（2）公司愿景

建设"有尊严、有价值、有内涵、有实力、有责任"的"五有"现代金融企业。有尊严的企业赢得声誉，有价值的企业拥有市场，有内涵的企业拥有品质，有实力的企业拥有现在，有责任的企业拥有未来。

（3）公司定位

专业的资产经营管理者，优秀的综合金融服务商。

（4）核心文化

稳健、创新、和谐、发展。

（5）品牌理念

华英成秀，融通致远。

（6）战略定位

以不良资产经营为基础，以综合金融服务为依托，以资产管理和投资为新的利润增长点，实现三大业务板块均衡、协同发展，建立"跨周期经营、全周期盈利"的独特商业模式。

（7）公司价值观

为国家、社会、股东、客户、企业、员工创造可持续增长价值。

（8）品牌建设

做出来、说出来、传出来，让中国华融的旗帜高高飘扬、事事做响、口口相传、久久为功。

（9）中国华融"精气神"

聚是一团火，散是满天星，星火燎原，照亮华融。

（10）坚持中国华融"四个自信"

业绩自信、理念自信、道路自信、文化自信。

（11）感恩文化

辛苦理应得到回报，贡献理应得到表彰，成绩理应得到肯定。

（12）撸起袖子加油干，卷起裤腿再出发

（13）弘扬中国华融勇于担当、奋发有为、"敢为天下先、爱拼才会赢"的创新意识与拼搏精神

（14）一个没有文化的民族注定是要灭亡的，一个没有文化的企业注定是要失败的

## （三）晶龙实业集团的"靳宝芳格言"

在晶龙实业集团的公司官网上，创始人靳宝芳的个人博客在首页。在企业介绍栏目，有晶龙格言，这些格言也称"靳宝芳格言"。

格言分成战略定位、科学管理、诚信无价、创新无限、事业无尚、胸怀天下六个部分,共138条。笔者选取其中的"诚信无价"部分。

追求正确,崇尚正义,树立正气。

企业家,应当有德信天下的气派。

企业家的第一素质是诚信,成功的奥秘也是诚信。

诚信是最重要的价值观,也是做人做事的原则。

诚信也是生产力,只有诚信才能使企业长久发展。

言必信、行必果,诚信首先要体现在行动上。

企业的信誉是金钱无法衡量的,诚信是无价之宝,只有实事实办,苦心经营才能获得。

唯有长期遵守诚信的原则,才能建立和维护你的信誉和品牌;唯有维护了你的信誉和品牌,才能得到可持续的成功。

一个企业的定位,往往就是企业领导人的定位;一个企业的高度,往往就是企业领导人的高度。同时,一个企业家的水平,也代表了这个企业的水平,决定了这个企业的命运。

评价一个人是否成功时,不能只考察他的影响力、成就、激情、毅力、理想、执行能力、沟通能力等要素,而应当首先看他是否拥有正确的价值观。

一个人的价值观往往能决定这个人的一生,而一个人的成功则源于诚信!

我为人的准则是:一不说大话,二不说空话,三不说假话。在做事上更如此,可以说不到,绝不能做不到。

信守承诺是要付出代价的,因为总会有意想不到的困难。

与其说诚信是一种美德，不如说诚信是人生成功的战略资源。只有"会算账、算大账、算长远账的人"，才会把诚信当作一种战略资源来经营。

做买卖，搞经营，就要先义后利，义中取利，合作共赢。

任何事业都不可能只凭个人力量做起来，合作是一个使企业走向强大的必然途径。

企业成立的第一天，晶龙集团就确立了自己的创业纲领——"股东投资求回报，银行注入图利息，员工参与为收入，合作伙伴需赚钱，父老乡亲盼税收"的共赢战略。

合作是一个漫长的过程，要经常为对方着想。

合作中要经常为别人着想，遇到事情多进行交流，达成共识，消除误解，心情愉快，才能在世界上共同前进。

世界上没有傻子，今天你可以剥夺别人的利益，甚至明天也可以继续剥夺，但后天你将得到苦果。

人是最大的生产力，经营企业就是"经营人心"，"抓眼球"、"揪耳朵"，都不如"暖人心"。

未来的竞争，最终都会聚焦在"得人心"这块"方寸之争"上。

不要把鸡蛋放在一个筐里，这样可以把经营风险降到最低。

不断加大合作力度，进一步巩固晶龙在世界上的领先地位。

"宁可人负我，切莫我负人"，古老的中华道德训言是我们信守的行为准则。

## （四）李彦宏的"百度论语"

百度在线网络技术（北京）有限公司（以下简称百度）的创始人李彦宏在 2009 年写了一部"论语"。入围美国《时代》周刊在 2010 年度 100 位"全球最具影响力人物"评选的候选人名单时，他曾经公布 29 条白金法则。进入移动互联网时代后又增加了 7 条，这些法则是李彦宏在各种重要"历史转折点"上的发言总结。在 2017 年百度的企业文化页面上，"百度论语"占据了大幅版面。"百度论语"36 条如下。

人一定要做自己喜欢且擅长的事情。

认准了，就去做；不跟风，不动摇。

专注如一。

保持学习心态。

公司离破产永远只有 30 天。

每个人都要捡起地上的垃圾。

百度不仅是李彦宏的，更是每一个百度人的。

一定要找最优秀的人才。

给最自由的空间。

允许试错。

注明自己，用结果说话。

让优秀人才脱颖而出。

愿意被挑战。

说话不绕弯子。

对事不对人。

百度没有公司政治。

遇到新事物，先看别人是怎么干的。

听多数人的意见，和少数人商量，自己做决定。

一个人最重要的能力是判断力。

用流程解决共性问题。

创新求变。

不唯一。

问题驱动。

让数据说话。

高效率执行。

少许诺，多兑现。

把事情做到极致。

用户需求决定一切。

让产品简单，再简单。

迅速迭代，越变越美。

你不是孤军。

打破部门樊篱。

主动分享。

帮助别人，成就自己。

只把最好的成果传递给下一环节。

从可信赖到可依赖。

# （五）隆鑫控股有限公司的价值观

隆鑫控股有限公司（以下简称隆鑫控股）创始人涂建华从1983年开始创业，历经磨难，终于把隆鑫的品牌打响。涂建华非常注重企业文化建设，我们可以从公司的《企业文化手册》中感受到他的思想。

隆鑫控股的价值观——正心诚意、敬业创新。

正心

做事先做人。做人，首在正心。隆鑫人做事，强调心气要正，要常怀坦荡之心、希望之心、责任之心、感恩之心。心正方能人正，人正才会使力量用对地方。

诚意

做事要专，待人要诚。事业成功于一心一意，人脉累积于诚挚诚信。隆鑫人做事，讲求对岗位、对同事、对客户、对合作伙伴、对社会用意真诚，信守承诺。

敬业

尊重自己从事的职业，熟练掌握职业技能，严格遵守职业道德，认真履行职业责任，千方百计将本职工作做好。同时脚踏实地，做好自己的职业生涯设计，在企业发展中谋求自身的成长发展。

创新

打开思路，放宽眼界，培育创新能力，积极寻求突破，努力在自己的事业领域有所发现、有所发明、有所创造、有所前进。

隆鑫人把"正心诚意、敬业创新"作为自己的核心价值观，既是对过去隆鑫成长发展中最具价值因素的总结和提炼，又是对未来实现隆鑫远大目标最有作用因素的强调和应用。

## （六）雪松控股集团张劲的"七德"和"七戒"

该公司创始人张劲倡导的"七德"和"七戒"如下。

七德

始终坚持未来主义，永远乐观前行；

信念开创未来，把不可能变为可能；

唯有忠诚不可辜负，用监督机制和怀疑精神来保护信任；

永葆创新精神，永续创业动力；

心中充满阳光便无所畏惧；

信守承诺，使命必达，马上行动，持续迭代；

员工、企业、合作伙伴彼此成就，合作共赢。

七戒

禁止山头主义，只顾小团体利益；

禁止行贿受贿，以权谋私，泄露商业机密；

禁止散布负能量，怨妇习气；

禁止推诿扯皮，争功抢功；

反对不以成果为导向，碌碌无为；

反对以大公司自居，铺张浪费；

反对口是心非，自搞一套。

## （七）大汉控股傅胜龙的"总裁箴言"

曾经有报道认为，傅胜龙是一位兼具"湘商"、"晋商"和"徽商"特质的企业家。湘商的特点是"心忧天下、敢为人先"，晋商的特点是"诚信"，徽商的特点是"儒雅"。既然儒雅，傅胜龙自然就写得一手好字和好文章。在大汉控股集团有限公司（以下简称大汉控股）的网站里，随处可见他的身影，以及他在不同时期、不同场合的讲话和文章。在大汉控股的企业简介里，有两个栏目，"傅说"和"总裁箴言"，专门介绍他的思想和语录。下面笔者从"总裁箴言"里摘录部分。

我们的追求根植于一种精神！当艰苦奋斗在时下难为人称道的时候，我们乐于埋头"干大事、流大汗、成大业！"，当时下个人主义泛滥的时候，我们崇尚团队的精诚合作，还有英雄主义，还有务实奉献，还有开拓创新等精神在我们大汉无处不在……

我们的追求就是我们奋斗的事业！我们的追求就是要让更多的人因为大汉而过上更加美好的生活；就是要让更多的地方因为大汉的付出而能更加地支撑起国家的建设与发展重任；就是要放眼未来，做大做强自己民族的企业，走向世界！

我们的追求最终根植于一种信仰与责任！我们的信仰就是自强不息、厚德载物。我们的信仰不断升华着我们的情怀与精神；我们的责任就是大事会做，小事愿做，工作第一，创业永恒。我们的责任历久弥新，成就着我们的文化与使命！

我们大汉看重的是"德"文化。我把"德"划分为三个层次：

第一个层次是正德律己，要用正确的价值观严格要求自己；第二个层次是修德利人，要有利于他人和社会，以别人的满意度作为评判标准；第三个层次是厚德载物，要不断积累自己的品德，承载更大的事业。

实践出真知。我们做工作，一定要坚持实事求是的原则，深入基层，务实、严谨地研究工作、解决问题，用理论指导实践、用实践修正理论，保证工作的有效性和有针对性。"布道"企业的红色文化，在工作中提倡阳光文化，使文化形成对企业的持久影响力。

# 四 企业价值观的内容排列：
## 一二三四五六七

为了让员工方便理解和记忆，有些企业在设计价值观体系时喜欢一二三四五六七的排列顺序。

## （一）新疆特变电工集团有限公司的价值观

一个理念：创新求变。

二装目标：装备中国、装备世界。

三心宗旨：客户称心、员工安心、股东放心。

四特精神：特别能吃苦、特别能战斗、特别能奉献、特别能学习。

五则世界观：诚则立——山的文化，捍卫诚信是特变电工的立业之本；变则通——水的文化，创新求变是特变电工的发展之魂；康则荣——树的文化，推崇健康是特变电工的百年之梦；简则明——光的文化，欣赏简单是特变电工的行事之道；和则兴——和的文化，和谐发展，同舟共济，人企合一。

## （二）陕西汽车控股集团有限公司的价值观

一个共同理念：德赢天下，服务领先，品质成就未来。

两个规划："十三五"规划和发展愿景。

三个不动摇：千亿陕汽；行业第一梯队；百年陕汽。

四个关注：整车均衡发展；专用车聚焦突破；零部件协同发展；后市场的战略支撑。

五项要求：创新驱动；全力推动新能源、互联网在制造和服务中的应用；加强干部队伍建设和高端人才的培养、引进；要关注规模，更要关注效益；对外合作是企业成为百年企业的必选之路。

六条底线：没有边际贡献、无战略意义的产品不干；不重视产品质量问题的事情坚决不干；跨行的项目不干；违法乱纪的事情不干；损害企业利益的事情不干；伤害员工的事情不干。


## （三）中国林业集团有限公司的企业价值观

一个目标：做行业领袖，创一流企业。

两个定位：全球森林资源的经营者和为我国林业产业转型升级提供服务的综合性平台。

三大产业链：种子种苗，森林资源开发与利用，生态旅游。

四个经营理念：承担生态责任，关爱全球森林，合理利用资源，引领行业发展。

五个坚持：坚持党的领导，坚定发展方向；坚持发展新理念，做强做优主业；坚持深化改革，完善体制机制；坚持风险防范，提高管理水平；坚持人才强企，提高队伍素质。

## （四）物产中大集团股份有限公司的企业文化理念

根据该公司《2014年企业社会责任报告》，其企业文化理念体系包括以下五个方面。

一远：站得高，看得远。

二选：选对事，选准人。

三爱：爱员工、爱企业、爱社会。

四不：不刚愎自用、不因循守旧、不违背规律、不享乐主义。

五勤：眼勤、脑勤、嘴勤、脚勤、手勤。

## （五）中联重科股份有限公司的价值观

中联重科的核心价值观是"至诚无息，博厚悠远"。

中联重科的价值体系是从"一元"到"八品"。在核心理念统领下，不断创新和淬炼，形成了中联"一元，二维，三公，四德，五心，六勤，七能，八品"的文化观体系，这是中联重科的价值标准、道德标准、能力标准及企业品格的集中表述，实现了传统文化与现代管理理念的紧密融合。

一元：诚。

二维：德、才。

三公：公平、公正、公开。

四德：遵礼、守义、明廉、知耻。

五心：感恩、谦卑、利他、无私、精进之心。

六勤：勤学、勤思、勤快、勤奋、勤俭、勤勉。

七能：社会公信力、文化包容力、组织凝聚力、全局控制力、团队推动力、自主创新力、品牌领导力。

八品：忠诚、仁义、谦卑、坚毅、豁达、自律、勤勉、精进。

# 五 "国际一流""受人尊敬"的企业愿景

在中国企业 500 强里,"国内领先""国际一流""受人尊敬"等陈述成为很多企业的愿景。以"受人尊敬"为例,有中国工商银行、南网、延长石油集团、江西铜业集团、中国电子信息产业集团、腾讯、贵州茅台、威高集团、四川长虹、协鑫集团、江苏南通三建集团(社会尊敬的伟大企业)、波司登股份(让世人尊敬的)、京东方科技集团(地球上最受人尊敬的伟大企业)、蓝思科技股份、西部矿业集团(倍受社会尊重)15 家企业。

从硬实力角度看,能够进入中国企业 500 强已经非同一般。随着每年入围门槛的提高,很多营业收入达到几百亿元规模的企业仍然感受到压力和挑战,提出了在"十三五"末要实现千亿元的目标。我们有理由相信,中国企业的好戏才刚刚开始。很多企业在愿景里提出,要成为"国际一流"、"世界名牌"或"受人尊敬"的"伟大企业"。中国企业在 2017 年已经有 100 多家进入世界 500 强,为什么还没有达到"世界一流"或"受人尊敬"的程度呢?

相对来说,"世界一流"比"受人尊敬"更难实现。因为能够成为世界一流的企业,肯定会受到社会的尊敬。而受人尊敬的企业,在某些硬实力的指标上不一定能处于世界领先,但是在某些软实力上,比如企业文化、品牌形象或社会责任等方面,赢得了社会的尊重。因此，从本书研究的角度，当今世界上那些"受人尊敬"的企业大致可以分成以下几种情况。

第一种，创新型企业。这些企业曾经或正在改变人类的生活方式，让人类生活更美好。各行各业都有这种企业。即使这些企业不是最大或最赚钱的，甚至已经退出历史舞台如美国的柯达公司，一经提起，仍让人肃然起敬。例如，在智能手机领域，除了苹果公司外，其他企业很难受到"尊敬"的待遇。虽然谷歌公司、微软公司也在做智能手机，但在这个领域，这些在其他行业受到尊敬的企业就没有达到"受人尊敬"的程度。

第二种，以人为本的企业。这里的"人"，指企业的一般员工。虽然有些企业的价值观也有"以人为本"，但是主要针对消费者，奉顾客为上帝。这种理念是商业企业的普遍价值观，不足为奇。而且，很多企业把"笑脸"和"真诚"给了消费者，对自己的员工和供应商又是另一种态度。因此，"以员工为本"的企业比"以消费者为本"的企业更难得。"以员工为本"的企业在理论上和实践中也更容易贯彻"以消费者为本"。在2017年中国企业500强中，有两家企业提出了"以奋斗者为本"的价值观，这是一个很精彩的价值观。不以奋斗者为本的"以人为本"，就像是没有原则的、和稀泥式的"大锅饭"管理。精细的绩效管理是贯彻"以奋斗者为本"的有效工具，也就是说，奋斗者在企业里的绩效是非常突出的，往往是一些"销售冠军""专利大户""生产劳模"，这些员工是企业的榜样，人人都要学习他们。但是，在一个企业里，"劳模"和"标兵"毕竟只是少数人。更多员工如果做好了本职工作，或者说完成了任务，但并不出彩，企业也应该为他们的付出买单。因此，以奋斗者为本，虽然精彩，但是狭隘。

企业以员工为本，要综合地看企业的薪酬待遇、工作环境和福利、教育培训和职业发展等内容，在一定程度上有类似"最佳雇主"的称号。社会上有很多评价"最佳雇主"的标准，如果员工无论以何种理由离职，离职后还逢人就夸老东家，那么这种企业应该是以人为本的，像美国的惠普和IBM。当然，评价标准越高、越苛刻，这种企业通常越好，越值得尊敬。

第三种，慈善型企业。过去愿意捐助社会做慈善的企业一般都会得到媒体的好评，做得越多，金额越大，周期越长，越容易受到社会的尊敬。但是，现代企业把做慈善当成一种习惯以后，媒体反而更关注那些不做或很少做慈善的企业了。想通过慈善活动获得社会尊重的途径现在也变得越来越不好走。

第四种，不与"坏人"合作的企业。20世纪在南非发生了骇人听闻的种族隔离事件，南非政府成为世界舆论的众矢之的。最先撤出的几家跨国公司因为没有与"坏人"同流合污、助纣为虐，虽然失去了一个市场，但赚足了"正义"的美名。

第五种，有错就改的企业。在20世纪80年代曾经轰动一时的泰诺事件中，强生公司及时开展公关活动，承认错误并收回药品，虽然付出了沉重代价，但结果坏事变好事，为产品和公司赢得美誉。

第六种，责任企业。当企业的利益相关者越来越多、话语权越来越大的时候，企业家才会真正体会到德鲁克对管理下的定义，管理是责任。在同样的责任面前，有的逃避，有的无奈接受，还有的主动积极承担。毫无疑问，后者值得尊敬。

上述六种类型的企业都具有一个特征，即它们都是有价值观的企业。在事件发生后，根据事件的性质和后果来判断企业的价值观，是非常靠谱的。

中国改革开放的40年，也是大家思想解放的40年。有人把中国的早期改革开放比喻为"规则还没有制定，比赛已经开始"。其实，即便是完善的市场经济国家，规则有了，道德问题还是没办法解决。中国政府在不断加强法制建设的过程中，社会主义核心价值观建设也稳步推进。在社会主义核心价值观出台以前，"八荣八耻"的荣辱观为我们提供了最好的价值判断标准。荣辱观是社会主义核心价值观体系的一个组成部分，对照它，我们很容易判别哪些人、哪些企业是光荣的。既然光荣，就值得尊敬。他们是具有以下价值观的人或企业：热爱祖国、服务人民、崇尚科学、辛勤劳动、团结互助、诚实守信、遵纪守法、艰苦奋斗。除此之外，中国文化里还有很多健康的、积极的、正能量的价值观。中国企业拥有并践行这些价值观，就无须担心别人或社会不尊重它们。企业文化建设被看作企业软实力的重要组成部分，补齐这块短板，"受人尊敬"也就水到渠成。

# 六　企业战略植入价值观体系

　　企业价值观体系是企业员工精神和理念的内容，因为看不见，所以是"软"的。如果这些精神或理念的东西能起作用，也就是说，能够鼓舞和激励员工为企业的使命和愿景而努力奋斗，那么价值观就是"有实力"的。因此，企业价值观也是企业的软实力。企业战略是企业的一纸计划书，如果没有企业员工的支持，终究还是计划。如果员工认同战略并且能够努力付诸行动，战略执行就变得非常容易。因此，所有的企业都希望企业的文化理念能够支持企业战略。在理论上，还有战略与文化的匹配或契合问题。在很多企业的价值观体系里，都有企业战略的内容植入。至于企业的价值观是否与企业战略相匹配，往往是在企业战略执行过程中才凸显出来，尤其是战略执行不理想或推进困难时，企业文化或价值观不匹配一般都难辞其咎。所以，把企业战略植入企业价值观确实是一种容易的做法，至于效果，不得而知。

## （一）中国海洋石油集团有限公司的文化理念体系

　　*海油精神：爱岗敬业、求实创新。*

企业价值观：追求人、企业、社会与自然的和谐进步，做员工自豪、股东满意、伙伴信任、社会欢迎、政府重视的综合型能源公司。

核心发展战略：创新驱动、国际化发展、人才兴企、市场引领、绿色低碳。

战略目标：中国特色国际一流能源公司。

中国海洋石油集团有限公司（以下简称中海油）的这个文化理念体系可以说是一个企业文化理念体系与企业战略的综合体。"海油精神"和"企业价值观"反映的是企业的价值观体系，"核心发展战略"和"战略目标"则是企业战略。严格来说，企业的价值观体系是不应该包括企业战略体系的，虽然两者有着紧密的联系。首先，企业的价值观体系是企业发展的核心指导思想，是企业意识形态里的上层建筑，是指导企业发展的根本依据。企业战略虽然也反映企业的价值取向，但这种战略是在企业价值观体系指导下做出的在一定时期或特定阶段的决策，比如企业在"十三五"时期的发展战略和目标。其次，企业价值观体系一旦确立，则伴随企业发展的始终。尤其是企业的核心价值观体系，它是企业发展的灵魂，不会随着时间或市场形势的改变而变化。企业战略则具有灵活性、动态性的特点，必须根据企业的发展情况或外部条件的变化做出变化和调整。

其实，中海油企业价值观体系最大的弱点出现在企业价值观上，其表述实际上是企业使命和企业愿景的综合体，即企业使命部分是"追求人、企业、社会与自然的和谐进步"，企业愿景部分是"做员工自豪、股东满意、伙伴信任、社会欢迎、政府重视的综合型能源公司"。这暴露出企业的决策层在梳理和提炼理念体系时基本没有学习和参考其他企业的做法，没有召开过专题的研讨会议，没有吸取第三方或专业机构的意见。

## （二）天津物产集团有限公司的企业文化

该集团的企业文化专栏没有企业价值观体系，只有一些企业文化活动新闻，比如第五届职工运动会圆满闭幕、集团开展核心价值观大讨论等。在企业的集团规划栏目里，有企业"十三五"规划。企业"十三五"规划是一个五年的战略规划，属于典型的企业战略。但是，企业在"十三五"后面缀以发展使命、发展愿景、发展理念等术语，似乎也无大错，毕竟企业文化的功能就是为企业的发展服务。

"十三五"发展使命：携手合作，集聚资源，服务企业，创造价值。

"十三五"发展愿景：成为世界级产业链集成服务商。

"十三五"发展理念：国际化发展、创新化发展、资本化发展、协同化发展、竞合化发展、共享化发展。

"十三五"业务战略组合："四横三纵 +"。

## （三）中国能源建设集团有限公司的文化理念体系

中国能源建设集团有限公司（以下简称中国能建）的文化理念

体系包括以下七个部分。

组织使命：世界能源、中国能建。

战略愿景：行业领先、世界一流。

核心价值观："两善"价值观——能者善为，建则善成。

企业精神："两致"精神——共赢致远、行稳致远。

企业宗旨："两精"宗旨——精益创造价值、精品引领未来。

企业作风："两有"作风——携手开拓有胸怀，理性务实有效率。

经营理念："两为"理念——诚信为先，品质为本。

该集团的价值观体系后五条陈述均为每条两句，应该算是500强企业里颇具特色的价值观体系。当然，和前面几个案例一样，价值观体系是为企业战略服务的，"企业愿景"被编辑成"战略愿景"。除了中国能建，还有几家企业也有类似战略与价值理念合并使用的术语。例如，山东时风集团的文化理念体系中的发展战略部分，包括发展使命、发展愿景和发展理念等；昆钢集团的企业文化分成战略篇、品格篇、经营篇等内容，其中战略篇包括企业愿景、企业使命和发展战略三个项目。

# 七　企业价值观体系构建尚存在一些问题

## （一）企业使命和企业愿景容易混淆

企业使命和企业愿景是两个"舶来品"。很多企业在应用这对概念时经常会出现混淆也不奇怪。企业使命是企业努力奋斗但很难完成的任务，比如默克制药的"改善人类的健康"和福特公司100多年前的"让汽车进入每个家庭"。使命是神圣的，不能与经济利益挂钩，因为凡是涉及经济利益的追求，总会讨好某类人而冷落其他人。使命之所以神圣，是因为使命的完成能够给人类和社会创造美好的生活。企业愿景是企业希望在未来能够达到的理想发展状态。企业愿景就是"企业梦"，是梦想，是终极追求目标。企业可以无限接近自己的梦想，但是不可能完全实现，比如苹果公司的"希望每个办公桌上都有一台苹果电脑"。这两个企业价值观在企业价值观体系里占据核心价值观的位置。它们是企业发展的方向和指南针，要激励和驱动员工为履行崇高使命和实现远大目标而前进。但是，在很多企业的价值观体系设计中，企业愿景常常与战略目标混淆，企业使命与企业愿景混淆。

### 1. 中国中化集团有限公司企业使命表达不清

中国中化集团有限公司（以下简称中化集团）企业价值观体系

如下。

核心价值观：创造价值、追求卓越。

经营理念：以增值服务为客户创造价值、以客户满意为公司创造价值。

管理理念：精益管理、持续改进。

愿景：成为具有全球地位、受人尊敬的伟大公司。

使命：成为"行业内技术先进、资源节约、环境友好"的典范；成为国家能源安全、农业安全和化工科技进步的重要依靠力量；成为恪守社会责任、具有全球地位、受人尊敬的伟大公司。

不难看出，在中化集团的价值观体系里，企业使命没有陈述企业存在的根本原因，而是不断重复企业愿景。使命的第一部分陈述"成为'行业内技术先进、资源节约、环境友好'的典范"，说的是企业未来想成为"典范"，属于愿景。第二部分"成为……重要依靠力量"，还是描述了企业未来希望扮演的重要角色。第三部分"成为……具有全球地位、受人尊敬的伟大公司"，不过是把前面已经陈述过的企业愿景重复了一遍。而企业的使命是什么，中化集团存在的意义和根本原因是什么，企业没有回答。

## 2. 中国交通建设股份有限公司的企业愿景定位不准

中国交通建设股份有限公司（以下简称中国交建）的企业使命设计得很有文化韵味，"固基修道，履方致远"。首先阐述了中国交建的基本职责或行业特征，即"固基修道"。其次，"履方致远"一下子把做人和做事的境界提升了。"履"是实践、脚踏的意思，"方"是大地的意思，二者合在一起，大意是只有脚踏实地，才能走得更远。因此，中国交建的使命如果只有"固基修道"，不能完成企业使命的设计，但是"履方致远"的搭配，使中国交建的企业使命凸显一丝神圣的意味，让人刮目相看。

但是，中国交建的企业愿景"让世界更畅通，让城市更宜居，让生活更美好"是企业使命的陈述方式。如果我们把它们放在"履方致远"的后面，会发现逻辑非常顺畅。中国交建的企业愿景设计也不是件容易的事，因为"固基修道，履方致远"的文化品位太高，如果我们按照通常的"行业领先、国际一流"，或者，"成为世界上最受人尊敬的伟大企业"等思路去设计，和企业使命都不般配。中国交建的企业精神"交融天下，建者无疆"，气势恢宏，胸怀天下。

### 3.中国铁道建筑总公司企业愿景与企业战略目标混淆

中国铁道建筑总公司（以下简称中国铁建）的价值观体系在2017年进行了大幅度调整，新的价值观体系相比原体系出现了不少积极的变化。原先的价值观体系比较复杂，其价值观板块包括企业文化、四大文化理念和中国铁建"九种文化"三个部分。第一个部分的"企业文化"包括企业愿景、企业使命、企业价值观、企业精神、企业作风、经营宗旨、质量方针、职业安全健康方针和环境方针九个项目。新的体系只保留了四个项目。其中，把愿景和使命两个部分合并为企业愿景和使命一个项目，具体陈述为：

紧紧抓住我国21世纪头20年全面建设小康社会的战略机遇，抢抓机遇保增长，调整优化上水平，加强管理降风险，深化改革转机制，把中国铁建建设成为产业多元化、经营集约化、管理科学化、资金雄厚、人才荟萃、设备精良、技术先进、效益最佳的"中国建筑业领军者，全球最具竞争力的大型建设集团"。

企业价值观：诚信创新永恒，精品人品同在。

企业精神：不畏艰险、勇攀高峰、领先行业、创誉中外。

原先的质量方针、职业安全健康方针和环境方针统一合并为企业管理方针：以人为本、诚信守法、和谐自然、建造精品。

总体说来，经过瘦身的中国铁建的这个价值观体系要比原先的体系表达简洁，容易宣传和推广。尤其是用一个"企业管理方针"的项目统筹合并了原先的几个方针。但是，也有不尽如人意之处。第一，合并后的企业愿景和使命信息量更大。把企业发展的宏观背景和发展基础、国家战略目标和企业发展战略目标等内容都装进去，冲淡了企业的"愿景目标"。第二，项目实现了合并，但在企业愿景和使命的陈述里，只有愿景目标，没有使命。企业使命说的是企业存在的理由，原企业使命"建造时代精品、创造和谐环境"中的愿景和使命还是有很明显的区分的。第三，混淆了企业愿景与企业战略目标。企业愿景不应该设定具体的完成时间限定，战略目标则应该设定。第四，在企业精神的陈述上，"不畏艰险、勇攀高峰"比较符合中国铁建历史和现在的精神风貌，但是，随后的"领先行业、创誉中外"表述更像是企业愿景的陈述。

## （二）企业理念体系混乱

企业价值观体系究竟应该包括哪些内容是一个理论难题。在中国企业 500 强的实践中，只有一条价值观的大约为 15 家；价值观数量排名第二的是华融资产，共 220 条；排名第一的是太平洋建设集团，其创始人严介和著述丰富，仅在其官网上的企业理念就超过 200 条，如果他的《新论语》每句话算一条，就更难统计。如果我们不进行归纳，仅以"企业价值观"、"企业哲学"、"企业理念"或"文化理念"之类的项目名称统领，那么其中就没有数量的限制问题，在理论上也说得通。如果我们希望把价值观梳理得清晰一些，分别冠以"核心价值观""企业使命""企业愿景""企业精神"等标签，问题反而层出不穷。因为这些理论标签释义接近、边界模糊，不容易讲清楚它们之间的相互关系。笔者选取以下四个企业的价值观体系为例。

### 1. 中国兵器装备集团有限公司核心价值观重复

集团使命：保军报国，强企富民。

集团愿景：努力建成世界一流的军民结合型企业集团。

核心理念：敢为人先、争创一流、拒绝借口、立即行动。

集团精神：忠诚、担当、拼搏、创新、奉献。

核心价值观：诚信为本、创新为源、追求卓越、超越自我。

发展方针：创新驱动、领先发展。

经营理念：科技现代化、品质最优化、市场全球化、价值最大化。

管理理念：以人为本，科学管理。

道德观：诚信做人、厚德树企。

第一，集团已经有集团使命、集团愿景、集团精神和核心价值观等核心理念，核心理念就显得没有必要。而且在核心理念的表述上，"敢为人先、争创一流"更适合作为企业精神，"拒绝借口、立即行动"比较适合作为企业的工作作风或管理理念，因为军工企业带有鲜明的军队色彩，强调执行力是其基本的纪律要求。第二，价值理念相互重叠。企业的道德观要求"诚信做人、厚德树企"，与核心价值观的"诚信为本"和集团精神的"忠诚"等相互重叠。同样，企业核心理念的"敢为人先、争创一流"和集团的发展方针"创新驱动、领先发展"虽然文字没有重复，但是意义是重复的。另外，该集团精神里的"创新"和发展方针的"创新"重复。甚至在同一个项目下，企业的核心价值观"追求卓越"和"超越自我"在意义上也是重复的。追求卓越的个人或企业一定具有"超越自我"的精神或品质。反过来，具有"超越自我"精神的个人也一定是"追求卓越"的。

## 2. 宝钢集团有限公司

宝钢集团有限公司（以下简称宝钢）与武汉钢铁（集团）公司于 2016 年 12 月 1 日合并，成立中国宝武钢铁集团有限公司。此前，两个集团在 2016 年都是中国企业 500 强。但是，当初宝钢的价值观体系问题还不少。宝钢集团号称是全球领先的现代化钢铁联合企业，拥有享誉全球的品牌、世界一流的技术水平和服务能力。遗憾的是，企业的文化理念体系设计却是一团糟，暴露企业重技术、轻文化建设的问题。具体表现在以下两个方面。第一，在网站的栏目设计上，有"企业文化"和"愿景与规划"两个部分。在企业文化栏目里，指出企业的核心价值观是"诚信"和"协同"。根据很多学者的定义，企业文化是指企业员工共同拥有并遵守的某些核心价值观。在这个意义上，宝钢仅以核心价值观来代表企业的文化理念，在狭义上是可行的。可公司在随后的"愿景与规划"栏目，罗列出企业的经营理念包括公司使命、公司愿景、核心价值观、社会责任和战略目标五个子条目，把规范的企业文化理念体系设计彻底颠覆了。因为企业的经营理念不该包括公司使命和其他企业核心理念。"企业文化"栏目已定义了核心价值观，而这里企业核心价值观又被归入企业经营理念的范畴，也就是说，把企业文化这个大的筐被划入企业经营理念这个小的筐。第二，企业的使命陈述，由于没有公司官方的指导性解读，"创享改变生活"这句话很难与宝钢的企业形象和行业背景相联系。如果公司能够像解释"诚信"和"协同"这两个企业核心价值观一样去解读"创享改变生活"，就不会让外界难以理解。既然诚信和协同这两个看上去难度不大的词语企业都愿意解读，为什么不解读"创享改变生活"？

除此之外，宝钢集团的理念陈述不乏亮点。公司非常清楚公司愿景和战略目标的区别，没有在这两个理念的陈述上出现很多企业容易犯的错误。公司的愿景是"成为钢铁技术的领先者，成为环境友好的最佳实践者，成为员工与企业共同发展的公司典范"。这三个陈述反映出来的意义，均是需要企业持续努力，难以量化且可望而不可即的目标，非常适合宝钢的情况。其战略目标是"成为全球最具竞争力的钢铁企业，成为最具投资价值的上市公司"。

### 3. 中国医药集团总公司价值观体系内部重复

中国医药集团总公司（以下简称国药集团）在其官网"关于我们"栏目里，设有"企业理念"子条目，其中有企业理念企业愿景和使命两个项目。企业理念是，关爱健康，呵护生命；企业愿景和使命是，国药集团始终秉承"关爱健康，呵护生命"的企业理念，积极履行中央企业政治责任、社会责任和经济责任，为保障人民健康和社会稳定发挥重要作用。在企业文化栏目中的"文化活动"中，又出现了"文化理念"的介绍，其使命陈述有些变化，具体表述为把"履行中央医药企业的政治、经济、社会责任，确保国有资产保值增值，保障社会公共卫生安全和人民生命健康"作为集团神圣使命。根据国药集团《2014年社会责任报告》，企业的价值观体系主要包括以下几个部分。

企业愿景：成为具有国际竞争力的世界一流的医药健康产业集团。

企业理念：关爱健康，呵护生命。

行为规范：学习、和谐、责任。

企业价值观：仁爱与责任。

企业责任观：心手相连，大爱无疆。

国药集团是1998年组建而成，至今已有20年的历史。截至2016年，国药集团是唯一进入世界500强的中国医药企业。作为中国医药行业的领军企业，其在企业价值观体系建设上并没有展现应有的成就，反而更像一个企业文化建设刚起步的中小企业。具体表现在三个方面。第一，除了"关爱健康，呵护生命"的企业理念在企业的几个宣传平台上保持不变，其他理念陈述没有统一。第二，价值观体系没有系统的梳理、提炼，也没有完整的介绍。在企业网站上的"企业文化"栏目，有企业形象、品牌理念、党建工作、文化活动、青年风采和国药艺苑六个条目。其重点在于介绍除价值观体系外的文化建设。在企业理念的栏目内，国药集团使用的理念术语相重叠，即企业在设立了企业理念的栏目内，包括企业理念和企业的愿景和使命。换句话说，在 A 的范畴内包括 A 和 B，企业愿景与使命混为一谈。根据集团对企业愿景和使命的陈述，其实只陈述了企业使命，而没有愿景。第三，"关爱健康，呵护生命"定义为企业的核心价值观，或者核心理念都比较准确，而企业价值观的术语更适合介绍企业的理念框架。

### 4. 河钢集团有限公司价值观不符合当前形势

河钢集团有限公司（以下简称河钢集团）的价值观体系表现为企业理念。其价值观体系包括六部分。

共同愿景：建设最具竞争力钢铁企业。

企业使命：代表民族工业，担当国家角色。

人本理念：员工是企业不可复制的竞争力。

环保理念：为人类文明制造绿色钢铁。

营销理念：一切为了满足客户的需求。

国际化理念：做世界的河钢。

河钢集团的价值观体系在设计和陈述上均有值得商榷之处。第一，把"建设最具竞争力的钢铁企业"作为企业愿景。这个愿景似乎从企业近几年的发展来看已经实现。从企业规模上它已经成为中国最大、世界第二的特大型钢铁企业。钢铁企业的竞争多年来基本是靠所谓的"规模经济"来比拼，在这个发展理念的指引下，全国各大钢铁企业上演了近 20 年的"规模竞赛"。最后的结果就是产能过剩，而且是严重过剩。其实，最麻烦的还是环境污染的问题。在生产过程中，钢铁企业排出大量的烟尘、二氧化硫、废水和固体废物等在各行业中都"名列前茅"。不管企业花多少钱搞循环经济、节能减排，钢铁企业仍然摘不掉污染大户的帽子。第二，企业的环保理念让人费解。"绿色钢铁"是什么？毫无疑问,这是企业的"语言创新"。因为企业没有对该术语解释，笔者大胆地揣测，大概是企业希望能够应用现代最先进的技术控制整个生产过程，减少污染物的排放量，那么企业生产出来的钢铁就带有"环保"的意义了。因为河钢集团技术先进，相较于国内其他钢铁集团，其单位产量产生的污染物要少，因此河钢的钢铁就"环保"了，就实现"绿色"发展了。其实，这种逻辑是不成立的。污染少一些，并不代表"环保"了、"绿色"了,也不代表对地区和国家的环保事业做出贡献（按照这种逻辑，企业为人类文明都做出贡献了），其内容和性质还是在污染环境。同样，很多污染大户在工厂附近搞一片绿化，居然能获得某些地方政府颁发的"绿化先进单位"称号，那么，搞绿化就等同于绿色发展，真是荒谬至极。第三，集团的企业使命也不是太容易理解的。代表民族工业，这句话还相对容易理解。钢铁工业在中华人民共和国成立后被称为"民族的脊梁"，凸显了该行业对中国工业发展的意义。经过近60年的粗放发展，钢铁行业的规模已经实现世界第一，也仍然是整个国家工业的基础，因此，钢铁行业代表民族工业，名副其实。既然河钢集团的规模最大，由它来代表也还说得过去。但是，"担当国家角色"这句话，就难懂了。国有企业承担部分社会责任，承担国有资产的保值和增值责任，如果上升到担当国家角色，似乎过分夸大了企业的职能。第四，核心理念不全。在核心理念部分，除了愿景、使命，一般还要有核心价值观或企业精神。第五，集团没有把核心理念和一般理念进行区分。第六，企业的国际化理念"做世界的河钢"，没有任何实际意义。不管你是炼钢的，还是卖铁的、搞汽车的，还是弄其他事业的，不管你做得好坏，大家都是世界上的某某某。

## （三）　理念陈述不精练

企业价值观的陈述一定要精益求精，不能拖拖拉拉、长篇大论。但是，有些企业似乎也不在乎这种要求，把很多工作报告的指导精神和工作要求都放在价值观里，使价值观陈述失去了本来的模样。在很多时候，当我们读到后面，前面已经忘得干干净净。举例如下。

### 1. 中国建材集团有限公司

企业使命：中国建材集团作为中央企业和中国建材行业的排头兵企业，一要勇挑重担，保质保量做好国家重点工程、新型城镇化和新农村建设的产品与服务供应；二要积极引领行业的资源整合与结构调整，倡导市场竞合，提升行业价值，与行业伙伴携手共赢，推进行业进一步健康发展；三要大力促进行业整体技术水平与创新能力的提升，助推行业转型升级步伐，带领建材行业向着资源节约型、环境友好型产业转变；四要遵循市场规律持续稳妥推进国企改革，建立健全符合市场经济要求的体制机制，实现国资的保值增值，为实现中华民族伟大复兴的中国梦倾注激情、奉献全力。

经营发展理念：中国建材集团在国资委的正确领导下，按照"提质增效、转型升级"工作思路，大力推进水泥和玻璃产业的结构调整、联合重组和节能减排，大力发展新型建材、新型房屋和新能源材料，坚持走资本运营、联合重组、管理整合和集成创新相结合的发展道路，进一步完善和构筑规模、技术、管理、机制"四大优势"，全力打造创新驱动型、质量效益型、制造服务型、社会责任型的"四型"企业，努力把集团建设成为又强又优、具有国际竞争力的世界一流建材产业集团。

### 2. 中国保利集团有限公司

愿景与使命：致力于将集团打造成为在各主业领域具有行业领导地位、管控能力强、国际化程度高、公司治理优良、具有高度社会责任感、具备可持续发展能力、进入世界 500 强的大型跨国企业集团。

经营理念：保利集团公司传承了人民军队服从命令、听党指挥、英勇善战、服务人民、勇争第一的优良传统，锻造了保利集团公司"忠诚可靠、纪律严明、执行力强"的独特企业文化。

这种一往无前的企业精神和过硬顽强的作风，使保利集团公司在激烈的市场竞争中，彰显了强大的生命力。在长期实践中，中国保利集团有限公司企业文化在继承中不断创新，文化内涵得到丰富和发展。

### 3. 雅戈尔集团股份有限公司

就当前的形势来说，雅戈尔集团股份有限公司（以下简称雅戈尔）的使命是要进一步推进自主品牌建设，夯实百年企业的基础。就远期的使命来说，雅戈尔是要实现"创国际品牌，铸百年企业"的历史使命。

### 4.中国诚通控股集团有限公司

企业使命：坚持以邓小平理论和"三个代表"重要思想为指导，在积极完成国务院国资委交给集团公司整合中央企业六类资产的任务基础上，以资产经营为今后的发展方向，促进主业发展，增强核心竞争力，提高资产营运效率，确保国有资产保值增值，积极创建学习型企业，提高员工队伍的综合素质，为履行应尽的社会责任和全面建设小康社会做出贡献。

### 5.四川宏达股份有限公司

企业愿景：全力打造一个可持续发展的、具有国际竞争力、受尊敬和可信赖的多元化现代企业集团。

活力宏达（具有国际竞争力）——更快、更高、更新、更深、更稳。

创新宏达（受尊敬）——做优、做强、做精、做活、做久。

诚信宏达（可信赖）——健康、和谐、环保、可持续发展。

### 6.珠海格力电器股份有限公司

少说空话、多干实事、质量第一、顾客满意、忠诚友善、勤奋进取、诚信经营、多方共赢、爱岗敬业、开拓创新、遵纪守法、廉洁奉公。

## （五）语言过于通俗

### 1. 山西煤炭进出口集团有限公司的愿景

创新山煤、绿色山煤、幸福山煤、百年山煤。

### 2. 西王集团有限公司的价值观

健康西王、诚信西王、幸福西王、快乐西王。

### 3. 中国机械工业集团有限公司愿景

建设价值国机、创新国机、绿色国机、责任国机和幸福国机，成为世界一流的综合性装备工业企业。

### 4. 中国华电集团有限公司的愿景

价值华电、绿色华电、创新华电、阳光华电、法治华电、幸福华电。

### 5. 中国国电集团公司的愿景

共筑家园·舞台·梦，打造效益国电、绿色国电、创新国电、廉洁国电、幸福国电。


## （六）价值观体现出"官本位"思想

企业价值观是全体员工都应该拥有并践行的价值观念。但中国部分企业"官本位"观念浓厚，很多企业除了制定员工的行为规范或准则外，还在价值观体系里有对管理人员的专门要求，与西方国家形成鲜明的对比。中国传统文化历来强调领导的"正人先正己"

的表率作用,在道德上赋予上位者更多的责任和义务。但是从"官"文化的角度,会让人有强化组织成员"三六九等"的等级观念,产生消极的影响。下面是一些企业对干部要求的案例。

### 1. 太平洋建设集团对干部的警示

我们警醒:基层干部的不良嗜好,源于其家庭无忧;中层干部的不良嗜好,源于其生活无聊;高层干部的不良嗜好,源于其事业无望;老板掌门的不良嗜好,源于其人生无为;领袖人物的不良嗜好,源于其靠山无敌。

### 2. 中国建筑材料集团有限公司对干部的"五有要求"

有学习能力,有市场意识,有专业水准,有敬业精神,有思想境界。

### 3. 华泰集团有限公司的干部素质要求

智、信、仁、勇、严。

### 4. 河北敬业集团的干部"八项新规"

致富员工、回报社会是敬业的宗旨。

为企业创效是干部的首要任务,也是永远的任务。

牢记不改革创新企业就要灭亡的道理,坚持天天创新、月月创新、年年创新。

业务能力、技术水平要领先员工,当领导者必当老师。

带头执行各项规章制度,为员工师表。

艰苦奋斗、勤俭节约,带头实干、享受在后。

办事公开、公平、公正,廉洁自律、反对腐败。

有了分歧当面讲、会上讲,不散布消极言论。

### 5. 湖南博长控股集团有限公司的中层干部理念

解放思想，与时俱进，加强学习，提高水平，拼命工作，树立威信，心诚意善，谦虚谨慎。

### 6. 内蒙古电力（集团）有限责任公司的员工行为准则

决策层：统揽全局，科学决策；实事求是，举贤任能；开放进取，勤政廉政。

管理层：顾全大局，换位思考；统筹协调，沟通有效；以身作则，公平公正。

### 7. 双胞胎（集团）股份有限公司的"双胞胎干部观"

四海为家；能上能下；从艰苦地区、优秀团队中选拔干部；任职经验＋业务经验相结合。

### 8. 昆明钢铁控股有限公司集团的管理者行为规范

坚定理想信念、严禁以权谋私、加强自我约束、脚踏实地谋事、敢于担当责任、诚实公道正派．

### 9. 山东时风（集团）有限责任公司对管理者的工作原则

注重学习，大胆实践，否定自我，升华标准。

规范机制，创新管理，团结一心，培育人才。

科技开发，抢占市场，力求效益，创造发展。

# 第五章

## 中国企业十强价值观体系构建

中国企业十强在硬实力的建设上无疑已经跨入世界前列，那么他们的软实力建设得如何？笔者从"标榜的价值观"的视角，根据价值观体系的准确度、区分度和简洁度等标准，对这些中国企业进行大胆的剖析，肯定亮点，发现问题，指出企业价值观建设的未来改进方向。

2017 年 9 月 10 日，中国企业联合会、中国企业家协会连续第 16 次向社会发布"中国企业 500 强"名单。由于上述两个组织的持续努力，中国企业 500 强的概念在社会上的影响越来越大。这份榜单是根据企业的营业收入排名，可以从硬实力的角度去看待。那么这些企业的软实力如何？笔者仅选取排名前十位的企业，从"标榜价值观"视角，去分析一下这些企业价值观建设的情况。笔者根据企业价值观陈述的准确度、价值观之间的区分度和价值观陈述的简洁程度三个方面进行评价。

　　准确度即价值观的陈述是否符合相应的价值观定义。因为价值观有若干表现形式，如核心价值观、企业精神、企业使命、企业愿景等。如果把企业愿景陈述为"特别能吃苦、特别能战斗"（这是一个企业精神的陈述），就不符合企业愿景的定义。区分度是指在企业价值观体系里，如果同时出现了若干价值观术语，如何避免出现意义的重叠和交叉，比如很多企业的使命与愿景所陈述的意义重叠，企业的核心价值观与企业精神的意义重叠等。如果企业的价值观体系只出现了一条价值观，这种情况就不存在区分度问题，只能从准确度和简洁度等方面去评价。简洁度是指企业价值观是否使用简单明了的语言进行陈述，而且不应该在同一个价值观体系里出现重复用语。

# 一　国家电网有限公司的价值观体系构建

2016 年 7 月，美国《财富》杂志发布了 2016 年世界 500 强企业排名。国家电网有限公司（以下简称国家电网）以 3296.01 亿美元的营业额跃居第二，这是公司自参评以来取得的最好成绩，2017 年继续排名第二，仅次于沃尔玛。近几年，国家电网坚持自主创新，在特高压、智能电网、新能源等关键领域实现"中国引领"和"中国创造"，推进"两个转变"，积极推动构建全球能源互联网，开展国际化经营，努力建设"一强三优"现代公司，在全球经济不景气的情况下，在世界 500 强企业排名中前进五名，此前国家电网已连续五年位列第七名。根据该公司网站反映的数据，企业文化栏目包括五个统一的标示：统一价值理念、统一发展战略、统一制度标准、统一行为规范、统一公司品牌。这五个统一，形成了中国企业比较熟悉的所谓的"理念层"、"制度层"、"行为层"及"表层"的"四层次说"，因而是一个比较完整的企业价值观建设体系。其中，统一价值理念包含公司的理念体系，包括以下内容。

统一价值理念就是要大力弘扬"努力超越、追求卓越"的企业精神，全面加强企业伦理道德建设，将公司核心价值观、企业使命、企业宗旨、企业愿景和企业理念，贯穿公司各层级、各单位，形成公司上下共同的思想认识和一致的价值取向。

公司使命：奉献清洁能源，建设和谐社会。

公司宗旨：服务党和国家工作大局、服务电力客户、服务发电企业、服务经济社会发展。

公司愿景：建设世界一流电网建设国际一流企业。

企业精神：努力超越，追求卓越。

核心价值观：诚信、责任、创新、奉献。

企业理念：以人为本，忠诚企业，奉献社会。

国家电网的理念体系里有两个项目定位准确。首先，公司的使命陈述是公司理念的一大亮点。"奉献清洁能源，构建和谐社会"，这个使命不仅准确而抽象地定义了企业的服务领域，而且清楚地指明了公司未来的发展方向，即必须不断地推进四个创新，推进企业转型升级，奉献清洁的能源（减少生产过程和使用过程中所产生的环境污染物，减轻雾霾），为构建和谐的社会而努力。在当前乃至未来很长时间内困扰中国的雾霾问题和其他环境问题，电力行业承担着义不容辞的责任。国家电网作为业务领域几乎覆盖中国大陆所有区域、服务人口超过 10 亿人的企业，承担着减少雾霾和推进环境治理的责任，因此，推进和谐社会的构建，并不夸张。其次，国家电网的宗旨呈现国有企业一贯的表现方式，在提出"四个服务"的理念中，把服务党和国家工作大局放在了首要位置。这是国有企业在理念设计上非常典型的属性特征。

遗憾的是，国家电网的企业价值观体系设计并没有把体系内各个价值观之间的关系厘清，出现这些价值观的相互重叠，或者说区分度低的问题。从体系设计上，在公司的统一价值理念部分，包括公司使命、公司宗旨、公司愿景、企业精神、核心价值观和企业理念六个部分，这几乎就是一个理念体系的"大杂烩"。一般来说，在一个价值观体系里，虽然企业使命和企业宗旨在表达上有区别，但是这两个东西不过是同义词。因此，出现了使命，就不需要出现宗旨。这个部分既然已经被定义成"统一价值理念"，企业理念就显得多此一举了。在价值观的诸多表现形式上，企业文化、企业理念、企业哲学、企业价值观等概念的内涵是最丰富的，我们一般很难区分它们，因此经常把它们视为可以相互替代的同义词，可以称之为"大标签"。而其他概念，比如核心价值观、愿景、使命、精神、作风等，在概念的内涵上就要狭窄很多，我们称之为"小标签"。大标签与小标签的关系是大标签包含小标签。这两类标签不宜在应用时并列。因此，国家电网的各项理念的具体陈述仍值得进一步推敲。

在企业的愿景描述上，国家电网和其他很多中国大企业一样，提出"建设国际一流企业"。建设世界一流企业的目标和口号，在20世纪改革开放之初，的确是很多国有大中型企业的"中国梦"。在党和国家领导人的激励下，中国企业开始了近30年波澜壮阔的打造世界500强的工程。截至2016年，中国大陆的企业在世界500强企业里占有99席。国家电网已经排名第二，500强的梦已经实现，世界一流企业的目标（主要指规模指标）已经初步实现，这个"建设世界一流电网和建设国际一流企业"的愿景对员工还有激励和鼓舞作用吗？企业愿景不能实现，战略目标必须实现。企业愿景也如同企业使命和宗旨一样，它像一盏指明灯，永远激励着企业员工去追求。

国家电网的企业精神"努力超越,追求卓越"（公司自称为"两越"精神），无疑出现了意义的重叠。努力超越是为了实现追求卓越，追求卓越的企业不断超越自己和其他目标也是题中之义。努力超越和追求卓越都是个人或企业不断追求进步、追求发展、提高和完善自己的同意表达，其精神内涵大致相同。在国家电网的价值观体系里，最让人费解的就是有了统一价值观的框架，为什么还要企业理念（的框架）? 而且这些企业价值观表述为"以人为本、忠诚企业、奉献社会"，也是核心价值观、企业宗旨的重复。

# 二　中国石油化工集团公司的价值观体系构建

　　截至 2017 年，中国石油化工集团公司（以下简称中石化）的企业价值观体系建设经历了三次重要的变革和完善。2009 年 11 月，中石化首次制定颁布《中国石油化工集团公司企业文化建设纲要》，系统提出集团公司的核心价值观体系（见图 5–1）。

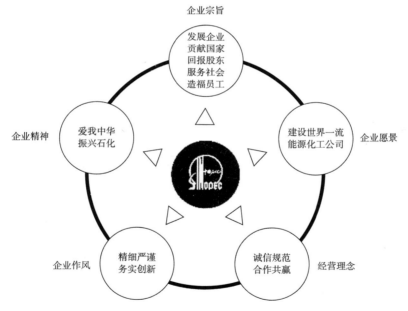

**图 5–1　中国石化集团企业文化理念体系**

资料来源：参见中国石油化工集团公司官方网站，www.sinopec.com。

中石化以"发展企业、贡献国家、回报股东、服务社会、造福员工"为企业宗旨;以"建设世界一流能源化工公司"为企业愿景;传承、丰富和弘扬"爱我中华、振兴石化"的企业精神;继承和发扬"精细严谨,务实创新"的优良作风;秉承"诚信规范,合作共赢"的企业经营理念。

2011 年,中石化为贯彻该纲要,推进企业文化落地工作,开展了全员参与的企业文化学习和教育宣传活动。例如,编辑大庆精神的培训教材、开展各种层次的培训班、编辑"中国石化之歌"、出版中英文对照的《员工手册》等。2014 年,在充分调研的基础上,公司对 2009 年版的企业文化建设纲要进行修订,重新颁布《中国石油化工集团公司企业文化建设纲要(2014 年修订版)》。修订后的价值观体系如下。

企业使命:为美好生活加油。

企业愿景:建设世界一流能源化工公司。

核心价值观:人本、责任、诚信、精细、创新、共赢。

企业作风:严、细、实。

相比 2009 年的版本,2014 年的修订版中对企业价值观的认知有了长足进步。具体表现在,新版本的企业文化理念体系变得更加简洁,集中在企业使命、企业愿景和企业核心价值观三个部分。尤其在核心价值观上(2009 年版本没有核心价值观的描述),新版本整合和提炼了原先分散在企业宗旨、企业经营理念、企业作风和企业精神等方面的思想,提出"人本、责任、诚信、精细、创新、共赢"六个核心价值观,避免在理论上概念或术语的相互纠缠。例如,如果我们颠倒一下公司 2009 年版本的表述顺序，请员工在诚信规范、合作共赢、精细严谨、务实创新、爱我中华、振兴石化的表述中填写上中石化的企业精神、企业作风和经营理念，即便是接受过培训的学员和领导，恐怕也不容易很快作答。爱我中华和振兴石化的理念更像是企业使命或企业宗旨，其他理念似乎套上任何标签在理论上都说得通。新版本体现了中石化国际化的现实背景，突破了传统国企过去习惯使用的诸如"产业报国""振兴中华"等口号，使企业的文化价值理念有可能真正成为凝聚员工的武器。作为跨国经营的中国企业，联想、华为等也经历了类似的蜕变。然而，新版本也留下了未来改善的空间。其企业使命的表述"为美好生活加油"，符合中国文化的双关寓意，汉语表达比较质朴、上口，对外籍员工就不容易宣传和贯彻。另外，核心价值观里的"精细"和企业作风里的"细"有一些重叠。

# 三  中国石油天然气集团公司的价值观体系构建

2001 年，中国石油天然气集团公司（以下简称中石油）将企业文化建设作为"十五"期间的十大工程之一，2003 年制定颁布《企业文化建设纲要》，成立企业文化部，努力建设具有鲜明时代特征和石油特色的优秀企业文化。加强企业文化建设已成为中石油建设具有国际竞争力跨国企业集团的重要措施，"文化强企"已经成为中石油发展战略的重要组成部分和全体员工的共识。在未来发展中，中石油将继续把文化战略作为重要的发展战略之一，不断丰富和完善具有石油特色的企业文化，让优秀的石油文化成为企业发展的不竭动力。中石油的企业价值观体系包括六个部分。

企业宗旨：奉献能源，创造和谐。

企业精神：爱国、创业、求实、奉献。

企业理念：诚信、创新、业绩、和谐、安全。

企业核心价值观：我为祖国献石油。

企业发展目标：全面建设世界水平的综合性能源公司。

企业战略：资源、市场、国际化、创新。

中石油的价值观体系最大的特点在于"奉献"理念贯穿始终，从企业宗旨、企业精神到核心价值观。当然，这种过度强调也有其弊端，就是理念设计重叠、啰唆。"奉献"的理念或价值观是很多国有企业喜欢使用的术语。提倡奉献，意味着个人或企业要不计较个人的得失，不计较投入产出的关系，为了国家的使命、目标或责任在所不辞，甚至赴汤蹈火。如同中华人民共和国成立之初，百废待兴，中石油系统的干部和职工在"大庆精神"和"铁人精神"的鼓舞下，发扬了爱国奉献的精神，不计较个人的得失，一心为了祖国的能源事业，埋头苦干，创造了一个又一个中国奇迹。在那一段"激情燃烧的岁月"，几乎所有国企都在不同行业和不同地区发扬为国奉献的无私精神。改革开放后，市场经济的理念逐渐深入人心，各种绩效评估工具开始影响和决定国企员工的收入分配。继续提倡和发扬国有企业的奉献精神，无疑是对国企前辈的致敬和缅怀，也是企业在面临某些困难和特殊时期不得不利用的神圣武器。但是，不应该把奉献理念如此强调，冲淡了企业本身还应该履行的一些使命和职责。因此，中石油在未来的文化理念建设上，一定要处理好奉献和其他理念之间的关系。

中石油企业价值观体系存在的第二个问题是企业核心价值观的陈述和意义与企业宗旨或使命相混淆。"我为祖国献石油"，不像是核心价值观的陈述，而是表达了中国石油人的存在意义。使命的表述应该比这个表述更抽象，就像企业宗旨里所陈述的"奉献能源，创造和谐"。即便理解为使命，但这个使命的生命周期又是极其短暂的。这个理解大致符合中国在近20年来对石油资源的旺盛需求。因为中国经济的高速发展，使中国成为世界上石油进口最多的国家。也正是中国的需求，推动了世界石油价格在20世纪末至21世纪前十年的持续上涨。如何增大石油供给，成为困扰中国经济持续发展的难题。"我为祖国献石油"，中石油挺身而出，就像中华人民共和国刚成立，我们需要克服国内和国际上种种困难，寻找中国的能源一样，这种口号或宣传语确实对中国石油人具有极大的驱动力，激励新一代的石油人向老一辈的石油人学习，为祖国建设奉献石油。但是，石油的短缺问题很快就在全球范围内得到了解决。由于新能源的开发和利用，以及很多产业的转型升级及新能源汽车的大量涌现，国际油价从2008年的金融危机后开始不断跳水，石油资源风光不再。随着美国在油页岩开采技术上的突破，美国对中东国家石油的需求逐年递减。因此，石油在国民经济发展中的基础地位已经风雨飘摇。2017年，据国家工信部发布的消息，中国也正在制定燃油汽车退出市场的规划，这意味着，在未来的20年或30年后，石油将不再是国家的基础能源供给。那么，"我为祖国献石油"这个核心价值观将与国家的能源战略相悖。相比较而言，国家电网的"奉献清洁能源"似乎更准确地把握了未来世界能源发展的脉搏和趋势。"我为祖国献石油"，这种口号就像流行的时尚语一样，难以成为持续驱动中石油人的文化资源。企业使命或企业宗旨的意义大致是一样的，它们都不能实现，但是值得追求。它们一定是不以追求物质利益为导向，但是比对物质利益的追求更有意义。中石油把这句陈述作为核心价值观，是要把它作为指导员工工作的准则和依据。当员工面临困难决策时，指导员工进行选择的重要的标准。面对石油价格的持续走低，而且这种态势将长期保持下去，面对世界上新能源和新技术对石油需求的不断挤压，追求环保和新能源的价值主张成为能源领域的新的主题，可能员工也会怀疑这个核心价值观的意义所在。就像在当前宏观经济面临产能严重过剩的情况下，钢铁行业那些曾经雄伟的"800万吨""1000万吨"甚至"2000万吨"的战略目标在今天竟显得有些荒唐。

第三个问题是企业价值观的提出，打乱了原先的企业价值观框架。企业价值观包含企业宗旨、企业精神和核心价值观，但企业理念又单独被列为一个条目再看企业理念的具体陈述（诚信、创新、业绩、和谐、安全），其中包含多种理念。比如，诚信和创新更适合作为企业的核心价值观，业绩（导向）的价值观适合作为企业的经营理念。和谐在企业宗旨当中已经有过陈述。安全的价值观比较适合企业的管理理念，因为从行业管理的角度，安全始终是这类企业的管理隐患，必须给予足够的重视。这样拆分下来，中石油的这个企业价值观在整个中石油的价值观体系里，不仅和其他价值观重叠，而且还打破了原先已经完整的价值观体系，画蛇添足。

# 四　中国工商银行的价值观体系构建

中国工商银行的价值观体系如下。

使命：提供卓越金融服务　　服务客户、回报股东、成就员工、奉献社会。

愿景：建设最盈利、最优秀、最受尊重的国际一流现代金融企业。

价值观：工于至诚,行以致远　　诚信、人本、稳健、创新、卓越。

这套价值观体系最引人注目的是价值观的八个字,"工于至诚,行以致远"。这八个字在中文里读起来抑扬顿挫,虽然采用了传统文化的表现形式,但意义不复杂,回味无穷。而且两句话的首字合在一起正好是中国工商银行的简称——工行。工行选择的这两句话,其含义与其所从事的行业规范比较吻合。"至诚",出自《礼记·中庸》:"唯天下至诚,为能经纶天下之大经,立天下之大本,知天地之化育。"至诚,是儒家思想中非常重要的一个价值观。在儒家的很多著述里,"至诚"有很多释义。在工行价值观里,应该指向的是"为人"和"待人"这两方面的。这里的"诚",指的是诚心、诚意或真诚。如果"至诚",则是回归了人的本性,与人交往,毫无掩饰,诚心尽力,则无事不克,无人不信。在企业内部,同事之间交往,至诚相待,则精诚合作,同心同德。为顾客服务,至诚相待,则感动顾客，事业长久。在商业领域，"诚"比"信"更重要。因为"信"是指履行契约，兑现承诺，可能存在内心还有不情愿，但慑于外部压力而不得不"信"守合约，交易的另一方一般也不会感动，认为理所当然。只有"诚"才能感动顾客，从而产生忠诚的客户。如果员工能够践行"至诚"的价值观，负责人自然别无所求。"致远"出自诸葛亮的名言："非淡泊无以明志，非宁静无以致远。""行以致远"的"行"，应该读"háng"，而不是"xíng"。也就是说，"行"有专业、内行的意思。成语"行家里手"说的就是这个意思。全句合起来的意思是，（中国工商银行）只有专业才能走得更远。在金融领域的竞争，专业不仅意味着能帮助客户实现更好的收益，还为银行赢得了客户的信赖。因此，中国工商银行的这八个字，其价值观不外乎"真诚"和"专业"这两个。但是，借助传统文化的表现形式，使中国工商银行的价值观超凡脱俗，寓意深刻，确实是难得一见的价值观陈述。这么优雅的语言，翻译成英文为"integrity leads to prosperity"，意思大致是对的，但优雅不再。

不过，这套价值观体系的弱点也十分明显。第一，企业使命的陈述在意义上分成两个部分，"提供卓越的金融服务"和"服务客户、回报股东、成就员工、奉献社会"。前者稍微具体地描述了优秀银行的工作特质，抽象的程度不够。如果要提炼一个比较好的使命陈述，还需要沿着"目的—手段"链再进行推敲。而"服务客户"等四句陈述，一般是企业宗旨的标准陈述。因此，这个部分其实包含企业使命和企业宗旨，中国工商银行企图照顾到各方的利益诉求，但仅以使命为题。第二，价值观的陈述因为风格的差异似乎也是分成两个部分。由于"工于至诚，行以致远"的表述近乎完美，映衬出后面的五个价值观的陈述苍白无力。第三，愿景陈述中如果删掉其中的"最优秀""一流现代"这七个字，"建设最盈利、最受尊重的国际金融企业"的陈述应该已经说明问题了。"最盈利"是"一流"企业的硬指标之一，"最受尊重"一般代表企业悠久的历史、良好的声誉和勇于承担社会责任等，这两项相加已经足够说明它是"最优秀"的。

# 五　中国建筑集团有限公司的价值观体系构建

中国建筑集团有限公司（以下简称中建）的企业价值观体系是比较系统和完整的。其网站的"文化视窗"包括三个部分，即"品·文化""话·党建""聚·人心"。在"品·文化"部分，包括企业文化建设的六个方面，即公司形象、行为规范、中建理念、经营理念、先进典型及文化活动。在中建理念当中，包括以下内容。

公司的使命：拓展幸福空间。

企业愿景：最具国际竞争力的建筑地产综合企业集团。

核心价值观：品质保障、价值创造。

企业精神：诚信、创新、超越、共赢。

其理念设计的亮点在使命陈述。中建的使命，立足建筑行业，但超越了具体行业，让人对幸福空间的追求产生联想。相比深圳万科"让建筑赞美生命"的使命陈述，让人很难理解"建筑物"怎么样能够"赞美生命"。既然无法理解，也就没办法产生想象、产生追求。中建的企业愿景既表达了它希望在未来国际上的地位，又表现了这种地位的获得不是靠规模大（因为目前规模已经够大了），而是靠强、靠实力（最具国际竞争力）。其表述还避免了其他国有企业惯用的"一流"企业的提法。

中建的价值观体系中失败之处在于其核心价值观的陈述，不仅拖泥带水，而且与后面的企业精神相混淆（也就是笔者前面定义的准确度）。如果仅使用"品质"和"价值"这两个术语，其意义应该已经清楚。然而，"保障品质"和"创造价值"，不仅没有提升品质和价值的独特意义，反而有画蛇添足之嫌。试想一下，一个有"品质"的建筑和一个能"保障品质"的建筑相比，有品质的建筑会让人回味无穷，而一个能"保障品质"的建筑则会让人马上想到究竟有没有保障。这其中多加的两个字，彻底摧毁了我们对建筑的艺术期待，反映出我们当前的建筑市场仍然还在为保障建筑的基本质量而努力。"价值"与"创造价值"相比，虽然这里多加两个字的效果不像上面的那么严重，"价值"与上面的"品质"两个字匹配，再结合建筑的设计和灵感，"价值"两个字越发熠熠生辉。一个有品质的建筑，随着时间流逝，其价值就如同历史上的珍贵遗迹，受人瞻仰，超越了经济上的世俗意义。

中建的企业精神是有历史积淀的，而且在中国企业里有非常厚重的积淀。即使让不熟悉中建的人阅读其"文化溯源"部分，大多数人也不会想到中建的企业精神竟然是诚信、创新、超越和共赢。因为中建在介绍企业文化发展历史时并没有重点介绍上述精神。一般来讲，诚信不适合做企业精神的信条。企业精神是企业价值观体系的一个部分，它是员工在日常工作中所具有的工作态度、工作作风及精神面貌，尤其是在企业面临困难、处理复杂问题或面对新问题时所表现出来的行为方式或精神状态。也就是说，企业精神是看得见的，诚信则不一定看得见。在古代汉语中，"诚"和"信"说的是两回事。"诚"是看不见的。即便当事人履行了承诺，即"信"，其心也不一定"诚"。因为很多人履行承诺可能是源于其他外部压力而不得不采取的行为。

在中华人民共和国成立之初，中建很多成员单位的前身就参与了中国"一五"时期的若干重点建设工程，与很多具有优秀企业精神的国企一样，中建形成了早期建设的"铁军"精神。改革开放后，中建积极参与对外援建工程项目，其以"铁军"精神为核心的文化理念逐渐形成。按照公司在"中建信条"里的解释，"铁军"精神包括"甘于奉献、艰苦奋斗、敢闯敢拼"等内容。除此之外，中建在"大变革时期"（1982~1991年）形成的"改革创新、勇于争先"的"争先文化"，在大发展时期（1992~2002年）形成的"大漠精神"，以及在"大跨越时期"（2003年至今）形成的"绩效文化"，毫无疑问，这些东西是令很多企业垂涎的、无法企及的丰富文化资源。中国建筑的历史，也是中华人民共和国成立至今国家建设的辉煌历史的缩影。因此，中建的发展历史，凝聚着中建人艰苦奋斗、铁骨铮铮的精神和气质，对企业精神的陈述不应该缺少"铁军"精神或类似"铁军"精神的描述。而且，把中建的企业精神替换成企业的核心价值观，应该更符合中建的情况。

中建价值观体系的另一个亮点出现在其指导员工行为规范的"十典九章"。该项文化制度是对企业理念系统的延伸，也是指导员工贯彻企业核心价值观和企业精神的行为指南。"十典九章"分成两个部分。"行为十典"是对管理行为和员工习惯的倡导和要求。其中，"组织行为"关注企业商业伦理，对如何营造良好组织环境、提高企业文化执行力提出明确的要求。"个人行为"注重细节阐述，对员工的日常行为进行重点引领和倡导。"反对行为"明确底线规范，对背离中建文化倡导的行为进行高压警示。

在具体的陈述方面，"十典九章"充分挖掘和吸收部分经典国学内容，与当代的管理思想相互映衬，使中建的价值观体系建设流露出浓厚的文化气息和继往开来的文化视野。中建的制度文化建设值得其他企业致敬和学习。

# 六　中国建设银行的价值观体系构建

中国建设银行的企业文化理念体系包括以下几个部分。

愿景：建设最具价值创造力的国际一流银行集团。

使命：为客户提供更好服务，为股东创造更大价值，为员工搭建广阔的发展平台，为社会承担全面的企业公民责任。

核心价值观：诚实、公正、稳健、创造。

经营理念：以市场为导向，以客户为中心。

服务理念：客户至上，注重细节。

风险理念：了解客户，理解市场，全员参与，抓住关键。

人才理念：注重综合素质，突出业绩实效。

工作作风：勤奋严谨，求真务实。

宣传用语：中国建设银行，建设现代生活。

与客户同发展，与社会共繁荣。

不断创新，追求卓越。

善建者行，成其久远。

中国建设银行的价值观体系比较完整，层次分明，主次清晰，具有企业文化教科书式的价值观体系。首先，价值观体系分成两个部分：核心价值观体系和其他价值观体系。核心价值观体系部分包括愿景、使命和核心价值观，其他价值观体系部分包括理念、作风和宣传用语。中国建设银行的各个价值观陈述比较中规中矩，有专业团队参与公司文化建设的痕迹。其核心价值观的提炼注重做人做事的基本原则，其他价值观部分则反映了企业所属行业的一些基本要求和行为规范，比如经营理念强调抓市场和客户，服务理念注重客户及细节，风险管控也是金融行业的共性特征。其次，从 2007 年 7 月，中国建设银行正式推出《中国建设银行股份有限公司文化要素及表述语（试行）》，明确其文化理念和价值取向。至 2017 年，整 10 年，除了企业的愿景陈述有变化，其他理念均无变化。其实这种变化是积极的变化，因为其定位和表述比原先的有进步。修改后的表述为"建设最具价值创造力的国际一流银行集团"原先的表述是，始终走在中国经济现代化的最前列，成为世界一流银行。如果理念的变化仅是同一意义的术语替换，或者简单地为了变化而变化，这些变化就毫无意义了。在这期间，中国建设银行的主要领导也曾发生过变更（2011 年王洪章担任董事长，2015 年行长也发生了变化），全球金融市场和环境也发生了巨大的动荡，但后来的领导人坚持了原有的企业价值观体系，实在是难能可贵，在国有企业体制中并不多见。公司从 2006 年开始发布企业社会责任报告。从 2007 年至今，每次阐述公司的核心价值观，均有表现形式的变化，而陈述不变。据此来看，中国建设银行已经掌握了企业文化理念建设和宣传的真谛。

这个价值观体系的弱点在企业使命上。中国建设银行的这种使命陈述方式和内容在上市公司里是司空见惯，即"为客户，为股东，为员工，为社会"。这种过于具体地阐明公司的职责与"使命"的要求是有一定距离的。使命带有"神圣"的意味，即神圣的东西不能够沾染经济利益或其他世俗的生活，否则会被玷污。被玷污的东西就不能再称为"神圣"。企业为股东挣钱，多挣钱，是好事，但不能认为是神圣的。除非企业的股东是上帝。企业为客户提供优质服务，是神圣的吗？即便免费，还是不能制定为神圣的东西。这也是企业应该做的。为员工搭建广阔的发展平台呢？这个表述比很多企业的"为职工谋福利"要好很多。"福利"很重要，但"发展平台"则有培养人才，让员工的才智获得充分发挥和发展的意思，已经突破了经济利益。然而，为自己的员工着想和操心，似乎还是企业或者老板的本职工作，与神圣无关。"为社会承担全面的公民责任"，好像有神圣的东西在其中了。"企业公民"有广义和狭义之分。广义的企业公民，除了对企业的利益相关者承担责任（狭义），还承担了很多非利益相关者的责任。这其中有一个道理，凡是企业涉及解决自己内部的问题，都不神圣。但凡我们帮助了别人，不包括家人、亲戚、朋友、熟人、同事和老乡等，帮得越多，别人的福利改善得越好，就越发具有了神圣的意义。因此，要提炼一个合格的企业使命陈述，一定是要从企业的活动对企业的非利益相关者的福祉改进方向去思考问题。

# 七　中国农业银行的价值观体系构建

中国农业银行的核心文化理念体系具体表述为企业使命、愿景及核心价值观。

企业使命：面向"三农"，服务城乡，回报股东，成就员工。

愿景：建设国际一流商业银行集团。

核心价值观：诚信立业，稳健行远。

核心价值观指导下的相关理念包括以下几个部分。

经营理念：以市场为导向，以客户为中心，以效益为目标。

管理理念：细节决定成败，合规创造价值，责任成就事业。

服务理念：客户至上，始终如一。

风险理念：违规就是风险，安全就是效益

人才理念：德才兼备，以德为本，尚贤用能，绩效为先

廉洁理念：清正廉洁，风清气正。

中国农业银行的愿景陈述比较简洁，"国际一流"的水平已经很清楚了，不需要在前面再加上太多的定语去解释"国际一流"的特征。核心价值观"诚信立业，稳健行远"，读起来有中国工商银行的味道。"诚信"反映了企业经营最基本的道德准则，"稳健"体现了企业经营管理的总体思路，也是金融行业经营的重要原则。只不过在中国当前比较浮躁的市场环境里，因为"一夜暴富"的人大

有人在，刺激了太多的人"敢为人先，只争朝夕"，无视行业发展的基本规律。很多新兴的金融企业根本不顾及客户资金的安全，打着"创新"的幌子，或者卷入一些让人眼花缭乱的资本运作，或者投入很多高风险的项目。不仅扰乱了国家的金融市场秩序，也埋下了隐患。因此，中国农业银行的"稳健"原则是值得提倡的价值观。

中国农业银行价值观设计的弱点主要在于，企业使命的定义不准确。前两句"面向'三农'，服务城乡"，与其说是使命陈述，更像是企业的战略目标（客户）定位。后两句"回报股东，成就员工"基本就是教科书式的企业宗旨陈述。因此，达不到企业使命的设计要求。

# 八　中国平安保险（集团）股份有限公司的价值观体系构建

　　在集团网站的文化体系栏目，中国平安保险集团股份有限公司（以下简称中国平安）的文化体系分成三个部分：文化理念、文化架构和文化演变。理念陈述如下：中国平安以"成为国际领先的个人金融生活服务提供商"为愿景，恪守企业社会责任，为客户、员工、股东和社会创造最大化的价值，倡导"以优秀的传统文化为基础，以追求卓越为过程，以价值最大化为导向，做一个品德高尚和有价值的人"的价值观，弘扬"诚信守法、简单务实，团结进取、迎难而上，追求卓越、服务领先，创造价值、回馈社会"的平安精神，坚持"专业创造价值"的品牌定位，在"综合金融＋"和"互联网＋"的新时代，实现"专业，让生活更简单"的客户体验。

　　中国平安在其网站的文化栏目，还展示了公司从1988年创业至今文化的形成和积累的过程，让人能够清楚了解公司的文化演变。相比上述企业的价值观体系陈述，文化演变部分更准确。因为集团的文化理念体系复杂、凌乱，甚至有些多余和重叠，而文化演变展示了企业在不同发展时期的主要特点和企业文化建设的重点，主题鲜明而简单。例如，1988年发轫期，第一阶段：创业精神。1992年思想观，第二阶段：儒家思想。1994年发展观，第三阶段：国际战略。1999

年价值观，第四阶段：价值文化。2002 年行为观，第五阶段：执行 /
制度。2006 年丰富期，第六阶段：领先 / 平台。2009 年至今，第七阶段：
专业 / 价值。同时，集团文化体系的第二部分文化架构的设计也是非
常有特色，充分体现了集团"务实和专业"的平安精神，把文化理念
的贯彻与企业战略和管理机制的关系通过图文的形式生动呈现。

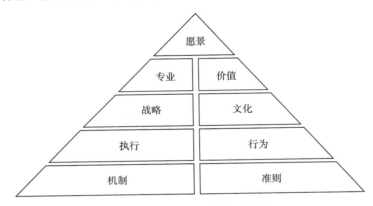

**图 5-2　中国平安的价值观体系**

资料来源：参见中国平安官网，www.pingan.com。

　　当然，中国平安的价值观体系有些地方也确实还需要改进。集
团提出的"专业，让生活更简单"就非常好。首先，企业愿景具有
鲜明的专业定位色彩。其次，集团倡导的价值观也不简单。"以优
秀的传统文化为基础"是高屋建瓴的说法。优秀的传统文化是个无
边无际的文化宝藏，对这个宝藏的保护、挖掘、整理和解释需要当
前乃至未来很长时期专业学者们付出艰辛努力的工作。在我们还没
有太大的把握界定"优秀的传统文化"之前，不如直接明确地指出
哪些品质或价值观是企业倡导的，就像中国平安在发展的第二个阶

段，针对当时改革开放初期，市场环境恶劣，商业道德缺乏，急功近利和唯利是图的不良心态与风气在社会蔓延，结合公司内部很多员工面临价值观困惑的情况，公司旗帜鲜明地提出了以传统儒家思想为平安人的为人之基、立司之本，以"仁、义、礼、智、信、廉"为平安人的道德规范，以及处理各种关系的准绳。虽然儒家思想的"仁、义、礼"等概念也不简单，但是在文化育人的过程中，这些相对具体的行为规范比"优秀的传统文化"更简单、更直接、更务实。企业价值观的第二句话是"以追求卓越为过程"。其实，追求卓越既是过程，也包括结果。既然中国平安还提炼了企业精神，把这个价值观放到平安精神更合适。事实上，平安精神中确实有这个价值观，那么价值观（体系）里再出现，就显得有些多余了同样，平安精神里的"诚信守法"放到价值观体系里更合适。企业价值观的第三句话是"以价值最大化为导向"，其理念也与平安精神里的"创造价值"相重叠。第四句话是"做一个品德高尚和有价值的人"。在传统儒家的思想里，首先就是要讲道德，品德高尚的人已经是"有价值"的人了。儒家思想倡导，先做人后做事。这里"有价值的人"，可能是指能"做事"之人。

# 九　上海汽车集团股份有限公司的价值观体系构建

上海汽车集团股份有限公司（以下简称上汽集团）在 2015 年凭借 1066 亿美元的销售收入，连续 12 次入选《财富》杂志世界 500 强，排名第 46 位，比 2014 年上升了 14 位。且依然保持上升势头，2016 年上升至第 41 位。上汽集团的企业价值观体系包括三个部分：愿景、使命和价值观。

愿景：倾力打造富有创新精神的世界著名汽车公司，引领未来汽车生活。

使命：坚持市场导向，依靠优秀的员工队伍，持续创新产品和服务，为各相关方创造价值。

价值观：诚信、责任、合作、创新、进取、梦想

上汽集团价值观体系的优点在于它的愿景设计，其"世界著名汽车公司"的向往是个不错的定位。如果从销售收入看，上汽已经与不少世界著名汽车公司并驾齐驱了。但是，公司也非常清楚自己的劣势（事实上，国内五大汽车集团面临的问题都差不多，缺乏自主品牌和自主创新），因此，把"创新精神"放在公司的未来定位上。至于要引领未来汽车生活的陈述则有些多余。上汽的进步可圈可点，已经引领国内汽车销售市场。但要"引领未来汽车生活"，

除了要卖得好，还要在汽车技术创新、新能源汽车、智能汽车等领域加大投入，树立技术创新的品牌形象。否则，就像国内电脑市场一样，把最有技术含量的产品最终变成拼渠道、比成本的销售比赛。

上汽集团没有在企业价值观上花太多的功夫，导致这样一个发展神速的企业价值观与其发展速度、规模和地位不匹配。如果企业重视把企业愿景，去实现"著名汽车公司"的目标，确实应该花些时间来思考一下这些企业价值观。否则，企业发展越快，规模越大，"暴发户"的形象就越突出。首先，上汽公司的使命陈述与其他价值理念相混淆。在企业使命的陈述里，只有"持续创新产品和服务"这句话像使命陈述，"坚持市场导向"（经营理念或市场理念）、"依靠优秀的员工队伍"（人才理念或团队理念）、"为各相关方创造价值"（宗旨）则分别属于不同的理念范畴。其次，在企业的三个理念表述里，都出现了创新这个关键词，显得有些多余。

# 十　中国银行的价值观体系构建

中国银行自 1912 年成立至今已经有超过 100 年的历史，在中国大陆的金融行业中处于领先地位。遗憾的是，其门户网站有企业简介，有发展历程，有企业荣誉等栏目，就是没有企业文化栏目。

在中国银行的简介里，有这样一段叙述：在 100 多年的发展历程中，中国银行始终秉承追求卓越的精神，将爱国爱民作为办行之魂，将诚信至上作为立行之本，将改革创新作为强行之路，将以人为本作为兴行之基，树立了卓越的品牌形象，得到了业界和客户的广泛认可和赞誉。根据《2015 年度企业社会责任报告》，公司陈述自己的历史使命是"为社会谋福利，为国家求富强"。笔者将其提炼一下，其文化核心理念体系大致包括以下三个方面。

企业使命：为社会谋福利，为国家求富强。

企业精神：追求卓越。

企业核心价值观：爱国、爱民、诚信至上、改革创新、以人为本。

其中，在原文的表述里，"办行之魂""立行之本""强行之路""兴行之基"等并列陈述句，很难区分其中的"魂、本、路、基"孰重孰轻，全部列为核心价值观也说得通。

# 第六章

## 怎样构建具有传统文化特色的价值观体系？

　　**内容提要：**有不少企业家运用中国的优秀传统文化去建设企业的价值观体系，使企业文化具有继往开来、生生不息的特色。其中，合肥百货大楼的《百大三字经》、红豆集团的《弟子规》、海航集团的"同仁共勉"、太平洋建设集团的《也罢谣》、超威集团的"做人"和"做事"等，确实不同凡响。

企业价值观是企业的创始人（或后来的强势领导）所秉持或推崇的一些"做人"或"做事"的价值理念。这些价值观可以影响甚至决定了他（或她）处理人际关系和经营企业的方式。敢于创业的人，或多或少对企业管理和经营是有些想法的。很多离开管理成熟的大企业而创办自己事业的企业家，除了已经有未来事业的规划，还有对原先企业价值观念的不满和对新企业价值观塑造的期待。按照沙因的说法，就是这些企业家有对未来新事业的假设，包括对人与自然的关系、现实与事实的关系、人性的本质、人类活动的本质及人际关系的本质五个方面的假设。当这些假设被实践证明是行之有效的，企业家就会把这些假设当作正确的理念传授给新入职人员，教育他们如何应用这些理念去理解、思考和解决问题。

　　关于"做人"和"做事"的价值理念，在中国有丰富的文化资源。从当今出现的"国学热"现象，也可以看出当代中国人对中国传统文化越来越好奇和重视。如果你说做人要"厚道"或"诚信"，别人不会有太多感觉，因为已经是陈词滥调。但"至诚"或"至信"就有文化、有深度，甚至还有一些比"诚"和"信"本身含义更多的东西。这就是传统文化的魅力。能够把企业做到中国 500 强的企业家或领导，一定有卓越的管理能力。但是，企业家的成长经历、兴趣偏好和个性差异在一定程度上决定了他们在"做人"和"做事"方面的理念差异。那些对传统文化有兴趣的企业家，他们在构建企业价值观体系时，也倾向于引用或应用一些国学经典的语言，使这些价值观念呈现浓郁的"传统中式风格"。

# 一 诚信"三字经"

合肥百货大楼股份有限公司（以下简称合肥百大）的官网上没有企业文化栏目，但有诚信建设专栏，每年都发布《质量信用报告》。合肥百大的诚信文化建设很有特色，根据多年的实践提炼出自己的《百大三字经》。

百大人，诚为本；客满意，是基准；待上帝，讲热情；微笑礼，迎至亲；有友爱，送温馨；进百大，即为宾。百大公，旨在信；有道德，重民生；价格实，计量明；售出物，皆上品；有不足，包换新；好传统，当传承。百大博，百货真；领潮流，掷有声；买黄金，买称心；买家电，买放心；爱我家，爱百大；和相伴，乐相随。百大强，在创新；争一流，团结紧；创优质，志在拼；增知识，强技能；对社会，讲责任；勤学习，日日新。

# 二　《红豆弟子规》

红豆集团有限公司（以下简称红豆集团）从 1983 年开始，就为这家当时的乡镇企业赋予了文化价值。当消费者接触企业产品的时候，最先想到的就是中学时代的一首唐诗。诗的最后一句"此物最相思"，把"红豆"与"情"从此紧密地联系在一起。2001 年，红豆集团举办了第一届"七夕红豆相思节"，2006 年更名为"七夕红豆情人节"，逐渐把中国文化里的"情"与"红豆"也联系起来。在企业文化领域，上面的这篇《红豆弟子规》，确实也为红豆集团的企业文化和品牌形象增添了光彩。

总述

弟子规、古有训、红豆人、应传承、修品行、树正气、走正道、守规矩。

道义

爱祖国、爱工厂、孝父母、尊师长、忠而孝、本不忘、重情义、友四方、和为贵、道为上、胸宽广、肯谦让、学泰伯、三让王、德至高、世敬仰。

敦品

凡出言、诚为先、言必行、诺千金、善多行、恶莫为、恩须报、怨要抛、见人善、当思齐、不如人、当自励、闻誉谦、闻过喜、黄赌毒、要远离。

修身

正仪表、端举止、读好书、拜良师、身心健、万事宁、无欲刚、亏亦福、有烦恼、及时了、遇纠纷、让三分、手莫伸、心莫贪、遵法纪、一生安。

敬业

创事业、须实干、勤钻研、莫空谈、爱岗位、守本分、尽职责、显忠诚、学无尽、与时进、求卓越、当标兵、善创新、敢争先、创绩效、比贡献。

日常

家国事、皆关己、顺大势、得先机、今事毕、明事备、晓是非、知事理、节俭荣、浪费耻、保生态、惠万代、扶危困、尽责任、帮弱势、共富裕。

结句

人同心、厂同向、紧跟党、产业康、发展强、基业壮、形象好、百年旺。

# 三 海航集团有限公司的"同仁共勉"

### 同仁共勉

团体以和睦为兴盛，

精进以持恒为准则；

健康以慎食为良药，

诤议以宽恕为旨要；

长幼以慈爱为进德，

学问以勤习为入门；

待人以至诚为基石，

处众以谦恭为有理；

凡事以预立而不劳，

接物以谨慎为根本。

海航集团有限公司（以下简称海航集团）的特色还不仅如此，它的价值观体系也很有特点，其文化理念术语并没有采用常见的愿景、使命和价值观等，而是采用"共同理想""共同信仰""共同追求"。在 2017 年又增加了一个"共同理念"。这些术语使企业的价值观更加具有中国特色。相比从英语翻译过来的"共享"价值观，"共同"的理想、追求和信仰等会更亲切、友好和接地气，符合中国人的语言和思维习惯。

　　海航人的共同理想：造福于人类的幸福与世界的和平。

　　海航人的共同信仰：天佑善人、天自我立、自我主宰，是"真、善、美"，是"无疆大爱"。

　　海航人的共同理念：诚信、业绩、创新。

　　海航人的共同追求：大众认可、大众参与、大众分享、大众成就。

# 四　人生大彻大悟的《也罢谣》

太平洋建设集团的创始人严介和特别热衷对传统文化的研究。在他的领导下，企业多年来一直位居中国 500 强前列。在事业获得巨大成功的同时，他倡导的太平洋企业文化建设也有声有色。他提出的价值观，语言生动，朗朗上口，融汇古今，不仅在公司内部获得巨大的反响，在社会上也产生了不小的影响。其中，《也罢谣》就是代表。

爱也罢，恨也罢，爱恨情仇皆无挂。有缘无缘随和缘，爱者该爱，恨却白搭。

苦也罢，乐也罢，酸甜历来拌苦辣。笑口常开性豁达，苦也哈哈，乐也哈哈。

富也罢，穷也罢，幸福不靠金钱架。豪华恬淡各千秋，富者辉煌，穷也清雅。

福也罢，祸也罢，福祸双刃切记下。人生坎坷是阶梯，福悬当头，祸踩脚下。

成也罢，败也罢，莫以成败论高下。终使奋斗是英雄，成者风光，败也潇洒。

得也罢，失也罢，患得患失误年华。凡事该做尽管做，得了更好，失也没啥。

褒也罢,贬也罢,过眼云烟一刹那。君子小人为善恶,褒也是他,贬也是他。

是也罢,非也罢,是是非非争个啥。河东河西三十年,对的错啦,错的对啦。

醒也罢,醉也罢,半醒半醉为最佳。忘物忘我大智慧,醒时聪明,醉也不傻。

# 五 超威集团的"做人"和"做事"

　　中国人喜欢谈做人与做事。中国文化博大精深，经典古籍里关于做人做事的原则和理念，不胜枚举。虽然我们在口头上都会强调做人做事，但是其具体内容，每个人所说的做人和做事应该会有不同。在中国企业 500 强里，有不少企业的价值观都强调做人做事。比如三一集团的核心价值观就是"先做人，后做事"，隆鑫集团的文化手册里也提出"先做人，后做事"，四川省川威集团的企业价值观也强调"做诚实的人，做正确的事"，但是都没有详细地介绍"做人做事"究竟包括哪些内容。超威集团的周明明在董事长致辞里就详细讲解了该公司的"做人"和"做事"。

　　我和全体超威人的做人原则是：

　　无愧于天地，无愧于良心；堂堂正正做人，踏踏实实做事；身正不怕影子歪，敢为天下先；谦和、大度、容人；亲情（亲人）、友情（朋友热情）、个人追求三位一体；善待别人即为善待自己；与人为善，与己方便；害人之心不可有，防人之心不可无；欲帮于人，己之心愿，何苦强求索报；己所不欲，勿施于人；不懂得尊重别人就等于不尊重自己；心之所想，口之所言；想朋友之所想，急朋友之所急；敢于承认不足，勇于承担责任；做不到的事不能轻易承诺，承诺的事不能轻易放弃。

我和全体超威人的做事原则是：

登泰山而小齐鲁——指战略或规划；资源共享、互惠互利、共同发展、长期共存——指战略联盟；良好的心态，博大的胸怀，唯大海方能纳百川——指公司文化；运筹帷幄，方能决胜千里之外——指计划；游戏讲究规则，做事讲究法则，无规矩不成方圆——指制度化、标准化、体系化；上下一心，泰山可移——指执行力；众志方能成城，团队的力量高于一切——指凝聚力；科技是第一生产力，人力资源是第一生产力的基石——指源泉、活力、以人为本；想别人不敢想的事，做别人不敢做的事——指创新；四两能拨千斤——指个人技能、资源和技巧的掌控和运用能力；千里之行始于足下，脚踏实地，稳扎稳打——指具体事务，干一件事成一件事；实践是检验真理的唯一标准——指业绩考核（数据说话或结果论证）；个人利益服从部门利益，部门利益服从公司利益；眼前利益与长远利益兼顾，更重长远利益——指个人与公司矛盾处理标准；人不可能十全十美，事不可能完美无缺——指对员工的态度（公司广阔的天地建立在员工的空间之上）；员工的自身发展是推动公司发展的基石——指公司的发展观；多看别人的优点，少看别人的缺点；多看自己的缺点，少看自己的优点——指自我的学习、提升；没有调查就没有发言权——指严谨的工作作风；以诚待人、以德服人、以法治厂——指工作态度；登高而望远，虽不能及，人心之所向——唯如此，才知道差距在哪里，改进的方向在何处，能少走弯路——指工作目标；用人不疑，疑人不用——指工作上对人的态度。

# 六 上海均和集团有限公司的价值观

上海均和集团有限公司（以下简称均和集团）的核心价值观和企业哲学都引用了中国经典语录，使企业的价值观体系散发浓郁的传统文化气息。"和衷"，出自《尚书·皋陶谟》；"共济"，出自《国语·鲁语下》。衷，内心。济，渡船。"和衷共济"原意为大家一条心，共同渡过江（河）。均和集团解释为和衷才能共济，同心才能致远。"明德"和"立新"都出自《大学》。明德，是做人的根本，一个人如果不遵守道德原则，将无法在社会上立足。只有不断完善自己的德行，才能为将来的发展打下坚实基础。做企业也是同理，除了要遵纪守法，坚持自己的道德底线，同时还要追求高尚的情操，才能赢得各界的信任和尊重。立新，企业当顺势应变，与时俱进，破旧立新。

"刚柔并济"，出自《三国》："凡为将者，当以刚柔相济，不可徒恃其勇。"刚柔并济，体现了中国式管理哲学。在企业发展过程中，管理要讲原则、讲制度，这就是"刚"。同时，随着时代的变化，企业也应该不断地检讨这些"刚性"的东西是否有助于企业的发展。在坚守道德原则的基础上，对已经过时的制度进行调整，甚至放弃，就是"柔"。能够实现基业长青的企业，都具备这样的素质，即坚守企业的核心价值观（"刚"），其他一切皆可变（"柔"）。这里的"其他一切"，包括企业战略、产品、行业、制度等。

"和而不同"，出自《论语·子路》："君子和而不同，小人同而不和。"这里的"和"指与人和睦相处，"同"指在思想上不随便附和。因为君子有知识、有理想、有高尚的品德，所以，他们能够善解人意、与人为善、和睦相处。同时，保持自己思想和品德方面的独立性，既不轻易地附和别人，也不强求别人向自己看齐。至于"小人"，孔子说"君子喻于义，小人喻于利"，"君子成人之美，不成人之恶。小人反是"。就是说，小人是利益导向的，还具有"成人之恶"的毛病。因此，为了共同的利益，小人会轻易地改变自己的立场，毫无原则和底线，去附和别人。但是，由于小人的毛病，与小人相处又是非常困难的。《论语》里有一段话，可以很好地解释为什么"君子易处，小人难处"。子曰："君子易事而难说也。说之不以道，不说也；及其使人也，器之。小人难事而易说也。说之虽不以道，说也。及其使人也，求备焉。"大意是，君子容易相处，但是你不容易说服他。如果你不以情理去说服君子，是不可能改变君子的主张的。在用人的问题上，君子会根据你的特长或技能来安排和配置。小人就不一样了。与小人难以相处，但容易说服他，只要搞一些"小伎俩"，就搞定了。在用人的问题上，小人喜欢吹毛求疵，求全责备。因此，均和集团追求的"和而不同"，其实是在赞美君子的同时，也希望员工向君子学习，向君子看齐，远离小人。

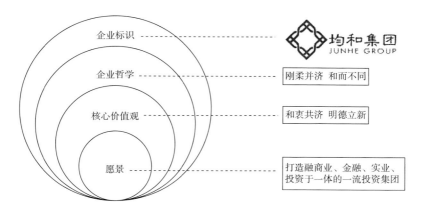

**图 6-1 均和集团企业价值观体系**

资料来源：参见均和集团官网，www.junhegroup.com。

# 七 中国移动的价值观体系

中国移动的企业价值观体系包括三个部分。

企业价值观：正德厚生，臻于至善。

企业使命：创无限通信世界，做信息社会栋梁。

企业愿景：成为卓越品质的创造者。

在这些价值信条的基础上，还设置了序、核心价值观、企业使命、愿景、跋五个部分，详细介绍了中国移动企业文化创建的历史。这些价值理念还包括中国移动对企业价值观、企业使命和愿景的解读。应该说，中国移动的文化理念体系的设计和展示是值得其他企业学习和参考的。价值理念的解释并无标准，企业在运用时就应该阐明对它们的理解。当出现"正德厚生，臻于至善"这样的引经据典，最好把这些价值观的来龙去脉讲清楚。也包括其中的整合和创新。整合是指中国移动把"正德"和"厚生"整合起来，创新是指把《大学》里的"止于至善"中的"止于"创新性地变成"臻于"，其意义都是"追求或到达"。即便是相对比较容易理解的企业使命和愿景，中国移动也花了很大的篇幅去介绍公司"无限通信世界"所指的是什么，"卓越品质"指什么。

"正德"和"厚生"来源于《尚书·大禹谟》，是千年以前圣人提出的执政者应该具有的美德，其含义是要求统治者（今指管理者）要提高个人修养、加强自律和树立关爱民生、善待百姓。"正德"强调个体责任和对自我的约束，"厚生"强调社会责任和对社会的奉献。中国移动的领导者希望公司员工树立"正德厚生"的道德理念和高度社会责任感，关怀社会民生，关注民众福祉，做一个优秀企业公民，通过各种实际行动回报社会。

"正德"和"厚生"是"做人"的理念和要求，"臻于至善"则是"做事"要不断进取，是中国文化版的"追求卓越"。

当然，中国移动的价值观体系设计也并非无懈可击，其最明显的瑕疵就是企业把企业价值观和核心价值观这两个概念等同。因为在企业理念的介绍部分，企业价值观是"正德厚生，臻于至善"，而在详细解读这些理念的部分，企业又把这两句话称作核心价值观。

# 八 中国人寿保险（集团）公司的价值观体系

中国人寿保险（集团）公司（以下简称中国人寿）的企业价值观体系如下。

核心理念：成己为人，成人为己。

企业愿景：建设国际一流金融保险集团。

企业精神：特别能吃苦，特别能战斗，特别能协作，特别能奉献，特别守纪律。

品牌口号：相知多年，值得托付，要投就投中国人寿

经营理念：依法合规，创新驱动。

服务理念：诚实守信，客户至上。

人才理念：以人为本，德才兼备。

中国人寿价值观体系的最大特点在于其核心理念。首先，其核心理念来自儒家思想的"双成"理念。在《论语·雍也》中，子贡曰："如有博施于民而能济众，何如？可谓仁乎？"子曰："何事于仁，必也圣乎！尧、舜其犹病诸。夫仁者，己欲立而立人，己欲达而达人。能近取譬，可谓仁之方也已。"其中，"己欲立而立人，己欲达而达人"强调的就是作为仁者凡事要三思而行，将心比心。自己想要实现的某些愿望和目标，其实也是别人想要实现的。因此，在成就自己的事业或目标的同时，也要帮助他人实现。应用到企业管理中，如果

企业只想着实现自己的销售目标和利润目标，而不顾及消费者或客户的利益和目标，这种客户关系很可能就是"一锤子买卖"。甚至为了实现自己的利益，很多企业铤而走险，在中国上演了一幕又一幕的"毒奶粉""毒大米""毒胶囊"事件等。这些违法乱纪的企业，只顾及自己狭隘的利益，而置全社会的利益于不顾，罪有应得。儒家的"双成思想"是一种处理客户关系的基本哲学，共赢、共享才能和谐、持续发展。另外，将中国工人传统的"四特精神"根据企业的情况提出"五特精神"。其中，中国人寿删掉了"特别能忍耐"，增加了"协作"和"守纪律"这两条。

中国人寿的价值观体系的不足之处表现在三个方面。第一，没有厘清核心理念与一般理念之间的关系。只有"双成思想"被标注核心理念的标签，给人的感觉是其他理念都是一般理念。第二，相较于核心的"双成"思想，企业愿景陈述过于俗套，"国际一流"的愿景在中国企业 500 强里比比皆是。第三，企业理念的顺序不当。如果上述中国人寿企业价值观体系是根据"重要程度"进行排序的结果，那么品牌口号应该放在最后。

# 九　中国中车股份有限公司的价值观体系

中国中车股份有限公司（以下简称中国中车）的价值观体系包括以下几个部分。

使命：连接世界，造福人类。

愿景：成为以轨道交通装备为核心，全球领先、跨国经营的一流企业集团。

核心价值观：正心正道，善为善成。

组织氛围：阳光和谐、简单坦诚、开放包容。

工作作风：由我来办，马上就办，办就办好。

中国中车的企业价值观体系有两个突出的优点。第一，对企业文化栏目的总体设计比较专业、合理。因为企业文化，分成三个部分，价值观（体系）、品牌建设和党群工作。很多企业则把品牌建设和党群工作单列，没有把它们纳入整个文化体系。在现实生活中，很多搞党建多年的老同志也不一定搞得清楚企业文化与党建的关系。因此，中国中车理念体系的设计者在这个理论问题上是非常清楚的。除此之外，中国中车对企业价值观体系的介绍是通过价值观（体系）栏目来展开的。因为企业价值观体系本身就是价值观系统。不管是核心理念，还是一般理念，其陈述代表的都是企业的价值导向或价值诉求。第二，中国中车的使命和核心价值观的提炼显示了企业在核心理念上的深刻思考和用心。随着中国高铁事业的发展，中国人已经开始享受到"连接世界"的愉悦和幸福生活，并且随着中国高铁在国外的逐步推广，中国中车"造福人类"的使命当之无愧。第三，"正心正道、善为善成"把中国传统文化"做人、做事"的理念又通过中车人的演绎发展成为"正心正道做人""善为善成做事"，结合中车的事业和职业要求，这个陈述非常传神。

当然，集团的价值观体系也有需要进一步完善和改进的地方。第一，企业愿景的陈述比较失败。第一句话"成为以轨道交通装备为核心"就定义到具体的产品身上，而不是愿景的设计理念。既然中国中车的文化领导小组清楚文化理念就是价值观，价值观就不是具体的产品或服务，而是超越具体事物的（或者超越具体情景的）。第二，在中车的价值观体系里，组织氛围也被列在其中。在理论上，组织氛围也被称为"组织气候"。"氛围"和"气候"都是变化多端的，而"文化"则具有持久性。也就是说，组织氛围不属于组织文化的范畴。第三，在集团文化理念的下端有一段注释，写着"核心价值观、组织氛围和工作作风是全中车统一遵循的共性文化，统称为中车之道"。车的使命和愿景被排除在"中车之道"之外。

# 十 中国化工集团公司的价值观体系

    中国化工集团公司（以下简称中国化工）在"关于我们"栏目下设"愿景及使命"和"企业文化"两个子项目。打开"愿景和使命"，我们看到的是关于企业的"战略定位"、"发展思路"和"公司愿景"三个部分。仅就战略定位和发展思路本身而言，该公司的思路是清楚的，定位也是非常精彩。例如，公司的战略定位，通过图文并茂的方式，展示了企业从"老化工、新材料"迈向"新科学、新未来"的雄心壮志。

    图 6-2 来自英格兰威尔特郡索尔兹伯巨石阵，简称巨石阵。从该图的价值观排列看，核心价值观和企业精神居中，其他文化理念环绕而列，表明企业的核心价值观和企业精神位于整个理念体系的核心。因为巨石阵的排列据说是由几个同心圆组成。在企业文化的理论里，荷兰学者霍夫斯塔德的关于组织文化的同心圆的模型最为直观（见第三章图 3-1）。这正是中国化工的文化领导小组借巨石阵同心圆排列的目的之一。整个价值观体系包括核心价值观、企业精神、人际观、廉洁观、安全观、行为理念、人才观、成败观、团结观、质量观、文化观 11 项内容。另外，巨石阵中的巨石少则几吨，重则几十吨，根根或直立，或横置于他石之上，风吹日晒，历经千年沧桑，这些价值观好比其巨石，经受了时光的考验，巍然矗立，确实让人过目不忘。

质量观
产品如人品

成败观
细节决定成败

核心价值观
为股东创造价值
为社会创造就业

廉洁观
不义之财不可取

文化观
海纳百川

团结观
家和万事兴

行为理念
事在人为

人际观
君子之交淡如水

安全观
热爱生活，珍惜生命
不要带血的利润

人才观
天生我材必有用

企业精神
锲而不舍，和而不同

图6-2 中国化工集团企业价值观体系

资料来源：参见中国化工集团官网，www.chemchina.com.cn。

当然，图6-2的不足之处也是明显的。第一，如果公司的文化领导小组用巨石阵来明喻企业文化，应该对其借用巨石阵的目的和意义做一些说明。因为巨石阵也是人类至今未揭开的世界之谜，其来源、用途、设计和建造等扑朔迷离。企业文化的定义和解释强调简洁和清晰。虽然巨石阵能够凸显公司的文化理念和设计，但没有定义和解释，造成外部的读者，包括未来潜在的员工看后似懂非懂。第二，企业核心价值观的陈述不当。企业文化的核心理念强调对员工的激励功能。在核心价值观陈述的两句话里，第一句话"为股东创造价值"并不能够激励员工内心深处为了股东的利益而发奋努力。企业文化的核心理念是超越经济利益追求的，如果摆脱不了利益导向，那么这套东西仍然是企业管理的制度要求，与企业文化的功能尚有距离。第二句话"为社会创造就业"，就是比较好的陈述，因为为社会创造了就业，帮助了他人，已经超越了经济利益。

# 十一　三胞集团有限公司的价值观体系

三胞集团有限公司（以下简称三胞集团）的创始人袁亚非是中国著名的企业家，有着远大的抱负。在三胞集团总部大楼的大厅里，最显眼的位置有一句话："中华民族的伟大复兴呼唤伟大的民族企业。"与他提出的企业愿景相互辉映，即"成为有中国特色、可持续发展的世界级企业组织"。三胞集团的管理哲学，从其发展历史看，确实成为指导企业发展的重要思想。企业的核心价值观是儒家的重要思想。"向上"，就是保持积极进取的精神。袁亚非说："如果没有这种精神，做什么事情都很难成功。""自省"，源自《论语》的"吾日三省吾身"，意思是时常自我反省。三胞集团自创立至今一直坚持一个独特的制度，即"三省制度"。公司提倡每个员工每个月把工作中的失误和思想上的领悟写成"三省"文章，从中找出自身原因。每一级员工的文章由隔两级的领导批阅，企业高级干部的文章曾经由袁亚非本人批阅。企业发展壮大后，成立了三胞管理学院，聘请下属企业的全国劳模来做思想导师，帮他关注干部的"三省"，负责干部的思想工作。很多来自外企的员工，刚开始非常抵触。坚持了一段时间后，不少人发现通过思想的自我反省，确实对后面的工作有很大的改进。如今，"三省"价值观已经成为员工践行的价值观。

袁亚非强调的"平衡"是"有为有不为，知足知不足"的心态。在企业的发展过程中，他和同事们经常提醒自己，要做到"大"和"强"之间的平衡、"快"和"稳"之间的平衡、"做什么"和"不做什么"之间的平衡。袁亚非说："我们中国的民营企业大多不缺'向上'的精神，也不缺'自省'的方法，但往往缺少'平衡'的心态。可以说，民营企业出问题，往往都是撑死的，很少是饿死的。"企业的做人原则，"厚道"是第一原则，"讲理"是要按道理做事，不能按习惯做事。"明目"第一层意思就是"精明"，光"厚道"、"讲理"但不"精明"，我们的民营企业也做不好。这是袁先生的经验之谈。"明目"的第二层意思是"有远见"，看问题要有战略眼光。

**图6-3 三胞集团企业价值观体系**

资料来源：参见三胞集团官网，www.sanpowergroup.com。

# 十二　中国华信能源有限公司的价值观体系

商道：由力而起，由善而达。

企业精神：忠诚、团结、严谨、奉献、组织、纪律、秩序、严肃。

企业价值观：天合、地合、人合、己合。

企业使命：拓展国际能源经济合作，做民族企业。

品牌文化：华夏魂，信用本；先成就别人，后成就自己。

中国华信能源有限公司（以下简称中国华信）是一家非常低调却发展迅猛的公司。该公司是叶简明于 2002 年创立，仅用 14 年的时间就进入中国企业 500 强。叶简明在创立企业之初，提出"由力而起，由善而达"的核心价值理念。作为一个热爱中国传统文化的企业家，叶简明试图运用中国传统文化中道家"力"和儒家"善"的概念去构建企业的价值观体系。关于"善"，叶简明并没有采纳朱熹或王阳明的解释，即"止于至善"的"善"在这里一般指尽善尽美的境界，是每个人很难达到的人生修养。而叶简明把"善"理解为佛教中的善，分为大善和小善。叶简明制造的这个包容传统儒、道、佛思想的企业核心理念就很难被其他人理解。除此之外，中国华信的企业价值观如果没有相应的注解，即便是有很好古文基础的读者也不一定搞得清"天合、地合、人合、己合"的意思。如果说上述理念是叶简明精心设计的，那么他对企业使命的陈述又显得过于随意。"拓展国际能源经济合作，做民族企业"的陈述有些类似企业的某个阶段性目标。

# 第七章

## 如何打造风格独特的价值观体系？

    中国企业 500 强里不乏风格迥异、创意无限的价值观体系，有光大集团风格简洁的"五个字"核心价值观，有中国华能集团的"三色文化"体系，有九州通医药集团浓郁的"家"文化，有王东（找钢网公司）"写给诸位同仁和未来同仁的一封信"，有中国著名农村集体企业的"老书记箴言"，还有山西太钢的"李双良精神"和中国航天的"三大精神"，以及深圳华为的《基本法》等。

很多有所成就的人士似乎都喜欢吹嘘自己如何与众不同，要么禀赋奇异、智慧超群，要么绝境逢生、艰苦卓绝，总有一些你预想不到的理由或故事。"资源是会枯竭的，唯有文化才会生生不息"，因此，致力于文化建设，打造文化竞争力，成为很多民营企业的战略之一，很多企业的文化建设已经初具规模。由于每个企业家的人生经历不一样，管理经营的体悟不同，再加上个人的修养差异大，对做人做事的观点就会有很大分歧。如果有那种极具个人魅力的企业家，则注定了这家企业的企业价值观也是非同一般的。有些企业的价值观把人的主观能动性无限放大，先不考虑其部属能否执行，其价值观无疑是具有特色的。2006 年，按照国务院国资委《关于加强大型国有企业文化建设的意见》，很多国有企业开始启动文化建设。虽然文化建设的功效还有待时间检验，但企业文化理念的建设已经呈现多姿多彩的特点。笔者从其中挑选出颇具特色或创意的一些企业价值观体系来分享。

# 一　中国光大集团股份公司的核心价值观

中国光大集团股份公司（以下简称光大集团）价值观体系的特点就是简洁，"公、明、严、实、聚"，一共五个字。在 2017 年中国企业 500 强里，光大集团是唯一用单字的方式来表达企业核心价值观的企业。虽然光大用了"企业文化"和"企业核心价值观"的标签，其实都是这五个字。虽然企业价值观很简洁，但由于汉语词语的多义性，对这些价值观进行解释是非常必要的。

"公"，就是在选人用人等问题上要公道、公正。"明"，是指重大问题要公开、透明。"严"，就是内部管理、执行制度要严格。"实"，就是人与人之间交往要真诚实在，工作要扎扎实实，包括文风也要朴实无华。"聚"，就是光大集团员工是一家人，各企业之间、各员工之间在光大集团的旗帜下，要形成凝聚力。

# 二  中国华能集团有限公司的三色文化

中国华能集团有限公司（以下简称华能）的企业价值观设计和创意在国有企业当中是富有特色的，它通过三色文化的理念把公司的宗旨、使命、发展理念等很好地结合起来。企业宗旨：把华能建设成为一个为中国特色社会主义服务的"红色"公司；一个注重科技、保护环境的"绿色"公司；一个坚持与时俱进、学习创新、面向世界的"蓝色"公司。

其中，在三色文化体系里，红色是华能的本色，是立身之本、三色之本。绿色，寓意人类与自然环境协同发展、和谐共进。蓝色寓意华能坚持与时俱进、学习创新、面向世界，吸纳世界上一切先进技术和先进文化来壮大华能事业，展现了华能人的胸怀和壮志。绿色和蓝色是华能得以持久发展、跻身世界大企业之林的必备因素，也是巩固红色的必要条件。因此，建设三色公司的理念体现了经济行为、社会行为、政治行为的三者有机统一。华能的三色文化是华能人对国有企业发展的一个深刻思考，有机协调了国有企业既要承担国家的政治职能和政治责任，又要面向世界、学习创新，利用一切可以利用的世界上的技术和资源发展壮大国有企业，巩固国企赖以生存的政治基础。

# 三　九州通医药集团股份有限公司的"家"文化

"家文化"在中国源远流长。在企业管理中，在企业文化理论或价值观理论还未普及时，很多卓有成效的厂长（改革开放前的称呼，之后才逐渐变成企业家）和领导已经习惯把同事称为"兄弟姐妹们"，而不是工人农民。在中国企业500强里，有两家企业提倡家文化，即杭州娃哈哈集团有限公司（以下简称娃哈哈）和九州通医药集团股份有限公司（以下简称九州通）。娃哈哈对家文化的解释寥寥数语，浏览后一般不会留下太深的印象。但是，九州通对企业"家文化"的解释却把家和企业之间的感情及人事关系做了细致的解读，让人印象深刻。九州通把"家文化"称为企业的文化精髓，包括家文化、家史、家风、家规四个部分：

## （一）家文化

九州通的家文化来自企业创业、发展的实践。家文化凝聚着九州通人勤劳、智慧、敢于拼搏进取的创业精神，凝聚着九州通人对事业的追求和执着。它的形成是一种自然、客观、循序渐进的过程，它经历了市场经济大风大浪的考验，一直为公司的发展提供源源不断的精神动力。

## （二）家史（文化发展史）

九州通成立之前，企业创始人刘宝林先生曾在农村当赤脚医生，先后在应城天鹅血防医院、应城市水利局夹河沟泵站医务室工作。1985年，他辞去工作下海从商，正式涉足医药经营行业。2000年，国家正式对民营资本放开医药商业市场，九州通于2000年5月28日正式成立。

2000~2003年，是企业初创阶段，员工不多，家文化体现的是一种"同吃同住同劳动"的生存需求。

2004~2010年，公司实行集团化运作，规模不断发展壮大，企业进入规范变革期，并朝着上市的目标努力。家文化的内涵也发生了深刻变化，并逐步走向成熟，体现的是一种"创造共同事业"的文化：公司的事业是每一名员工的事业，公司的发展与每一名员工的前途息息相关。

2011年至今，上市后的九州通进入创新发展期，多元产业、多元人员进一步融合，家文化内涵也升华为"平等、友爱、互帮、共进"八个字。

可以说，九州通家文化的核心就是"尊重员工的文化"，它是从一个原始的"家"理念循序渐进、自然而然形成的；是一种原生态文化，很纯朴，很厚道；它是九州通的全体管理者和员工在实践中共同创造的，具有很深的群众基础。

## （三）家风（家文化内涵）

平等：我们讲求平等、公平合理；进了公司之后，我们一切从头开始，大家都是一视同仁，一切都看你是否为公司做出了贡献，一切都看你的成绩和进步，一切都看你是否融入了九州通这个大家庭。

友爱：在九州通，我们始终保持着一种和谐、温馨、团结、友爱的工作氛围；领导为员工服务，员工为客户服务；我们充分尊重员工，重视员工；员工把领导当朋友，当亲人，相互关爱和鼓励。

互帮：公司关心员工的前途和发展，积极为每位员工创造适合成长和发展的空间与环境；我们要求领导与员工加强沟通，共同制定职业生涯规划；公司创造两至三条员工发展通道，让员工灵活、适时地选择发展空间；倡导同事之间、各公司之间分享工作经验和成长心得，互相学习，取长补短。

共进：我们宽严相济，有张有弛；我们服务大局，不苟私利；我们把公司的发展当成自己最大的快乐，把公司的进步当成自己最大的成功；我们不断以更高的标准要求自己，实现个人与公司的共同成长。

## （四）家规

在企业这个大家庭里，制度面前人人平等，我们每个人都要遵循公司的各项规章制度；我们不反对夫妻、兄弟等亲属和朋友在一个公司工作，但我们坚决反对任人唯亲。

我们提倡宽容大度，但我们坚决反对一团和气，不讲原则。

我们提倡公司健康的文化生活，坚决反对庸俗的不健康的文化侵害。

我们提倡团结友爱，相互帮助，坚决反对拉帮结派，搞小山头主义。

我们严格遵循亲属回避制度：亲属、朋友、同学等有裙带关系的人不能同处一个部门工作；在晋升、涨工资、申请工作调动、绩效考核、发放福利奖金等涉及个人利益时，与其有裙带关系的相关领导和职能人员均须回避，其投票与发表的意见均视为无效。如有不遵循者，将严肃处理，以保证公平。

# 四　写给诸位同仁和未来同仁的一封信

在 2017 年上榜的中国企业 500 强里，有两个企业采用了写信的方式来表达企业的价值观。其中一封信是上海找钢网股份有限公司的创始人王东在 2012 年写给公司当时仅有的 11 名员工的。在信里，王东感谢这些员工为了创业的梦想，义无反顾地放弃了很多既有利益，加入他的团队，王东把这种行为称为"男人式的友情"。王东在信里畅谈了他的事业价值观。

## （一）舍弃文化

信中说："实现梦想和目标不是靠说出来的，而是靠做出来的，要靠舍弃很多东西才能逐步地接近梦想和目标，你敢舍弃多少东西，你才有可能会获取多少东西，那些安于现状、斤斤计较的人和团队一辈子都无法实现自己的梦想。组织智慧与个人智慧不同，成功的团队一定是组织智慧非常强的团队，这样团队的一个标志就是团队里有舍弃文化。很好，我们在最开始的时候就做到了这点，这必将是我们企业文化的核心之一。"

## （二）复盘文化

信中说："善战者，不以胜喜，不以败忧。我们以后的路还很长，有欣喜的时候，我们举杯相庆，有挫折的时候我们拼死相救。无论出现什么情况，我们都要认真复盘，理性对待，互相包容。我认为，这是创业团队必须具备的企业文化之二。"

## （三）定位文化

信中说："越优秀的团队，里面的个人定位越清晰；每个人的定位越清晰，越利于他人与你合作。""清晰的个人定位，以及个人在对自己定位领域的不断追求卓越（追求卓越的路上意味着你要敢于冒险、创新，敢于承担风险，也会包容其他人的失败，更意味着你在职场的迅速成熟），才能换来组织的成功，这是我认为的创业团队必备的企业文化之三。"

# 五　老书记箴言

江苏华西村股份有限公司（以下简称华西股份）的老书记是吴仁宝。在华西股份的官网，有"吴仁宝风采"专栏。这位大名鼎鼎的"中国第一村"村支书，给华西股份留下了《吴仁宝箴言》这个珍贵的精神财富。在这部"红宝书"里记录着老书记的系列价值观。除了有关于价值、金钱、时间、住房等价值观，使用的都是朴实无华的语言，或者说是具有农民本色的大白话。但是，其效果远比很多使用抽象的价值观术语要好。在"正心篇"里，他关于信念、信仰、信守、责任和理想等价值观念，反映出一位纯粹的共产主义战士应有的素质和精神。

在江苏江阴市的长江村，村党委书记李良宝带领村民共同致富的故事家喻户晓。老书记用毕生精力，率领长江村从一个贫穷落后的江边渔村，发展成为名列全国第三的经济强村，走出了一条共同幸福的道路，成为全国农村干部的杰出代表。江苏新长江实业集团有限公司（以下简称新长江集团）的网页上滚动播放着"老书记思想"、"长江人精神"和"长江人品德"。李良宝于2014年去世后，新长江集团将坚持他的"只为成功想办法，不为失败找理由""只为政府添光彩，不为政府找麻烦"等价值观，把企业做得更大、更强。

# 六 山西太钢的李双良精神

　　"李双良精神"的核心是主人翁精神,"李双良精神"的实质是"把太钢的事当作自己的事","李双良精神"主要体现在:想企业所想、急企业所急,主动为企业分忧解难的敬业精神;不怕困难、艰苦奋斗,为企业发展勇挑重担的创业精神;团结一致、精诚协作、高效执行的团队精神;遵循规律、珍惜资源、实现人与环境和谐发展的科学精神;与时俱进、挑战自我、精益求精、奉献精品的创新精神。

　　李双良同志是太钢加工厂渣场原负责人。早在20世纪50年代,李双良同志就以"工业炉渣爆破能手"闻名全国冶金行业。1983年他退休以后,主动请缨,带领渣场职工,把堆积了半个世纪的1000万立方米的渣山搬掉,创造价值1.4亿元,使原来污染严重的渣山变成美丽的花园,为消除太钢生产重大隐患、改善环境、造福后代、促进太钢可持续发展做出了突出贡献。

　　他先后荣获全国"五一劳动奖章"、"全国劳动模范"、"全国优秀共产党员"和"时代领跑者——新中国成立以来最具影响的劳动模范"等称号,并入选"100位新中国成立以来感动中国人物"候选人名单。联合国环境规划署授予他"全球500佳金质奖章",将其列入"保护及改善环境卓越成果全球五百佳名录"。太原钢铁(集团)有限公司(以下简称太钢)聘任他为治渣顾问。江泽民同志1990年1月视察太钢时题词:"学习李双良同志一心为公、艰苦创业的工人阶级主人翁精神，把太钢办成第一流的社会主义企业。"李双良同志的事迹为世人瞩目，"李双良精神"是太钢工人阶级优秀品质的集中反映，是太钢几代人优良传统和时代特征相结合的典范。

在美国的企业文化理论还没有传入中国前，中国的很多企业后就已经践行了企业文化的理论和实践。在以毛泽东主席为代表的中国共产党的正确领导下，全国企业掀起了"鼓足干劲，力争上游，多快好省建设社会主义"的活动。"学榜样，树标兵"是当时的主要做法，树立了大庆、鞍钢、石圪节等企业典型，培养了石油工人王进喜、百货大楼销售人员张秉贵、太钢工人李双良等全国先进模范，创造了"两参一改三结合"的"鞍钢宪法""三老四严""四个一样"的大庆精神和"自力更生,艰苦奋斗"的"石圪节精神"等。在工商企业管理方面，形成了鲜明的政治意识、民主意识、主人翁意识、艰苦创业意识和科学管理意识，引起了世界企业管理界的广泛关注。美国在 20 世纪 70 年代末 80 年代初兴起的企业文化理论，关于如何建立企业的强势文化（strong culture）、创建企业的竞争优势，与中国企业的实践几乎不谋而合。企业文化理论第一本著作《企业文化》的两位作者迪尔和肯尼迪认为，强势文化一般是与仪式、表征、故事、英雄人物和口号等形式的经常使用相关联，这些因素可以增加员工对公司价值观和战略的认同。在强势文化里，组织的核心价值观得到强烈的认可和广泛的认同。用"激情燃烧的岁月"去描述中国工人阶级在"一五""二五"时期的工作干劲，恐怕仍然有些保守。直到今天，那个特殊时代出现的"英雄人物"和他们所代表的企业精神仍然是今天很多中国企业文化的标志性成果，仍然激励着今天的员工。

# 七　中国航天三大精神

在中国企业 500 强里，中国航天科技集团公司的航天三大精神无疑是非常醒目的。中国航天事业在近 20 年里取得了辉煌的成就，赢得了国际上同行的尊重，提升了中国大国和强国的形象。每个精神的提出都有党和国家领导人的关怀和支持。"三大精神"如下。

航天的传统精神：自力更生、艰苦奋斗、大力协同、无私奉献、严谨务实、勇于攀登。

"两弹一星"精神：热爱祖国、无私奉献、自力更生、艰苦奋斗、大力协同、勇于登攀。

载人航天精神：热爱祖国、为国争光的坚定信念，勇于登攀、敢于超越的进取意识，科学求实、严肃认真的工作作风，同舟共济、团结协作的大局观念和淡泊名利、默默奉献的崇高品质。尤其是载人航天精神，经过胡锦涛同志的两次归纳和提炼。

第一次是在 2003 年 11 月 7 日，在中共中央、国务院、中央军委召开的庆祝中国首次载人航天飞行圆满成功大会上，胡锦涛指出，伟大的事业孕育伟大的精神。在长期的奋斗中，中国航天工作者不仅创造了非凡的业绩，而且铸就了特别能吃苦、特别能战斗、特别能攻关、特别能奉献的载人航天精神。2005 年 11 月 26 日，党中央、国务院、中央军委在人民大会堂隆重举行庆祝神舟六号载人航天飞行圆满成功大会。胡锦涛把载人航天精神进一步概括为：热爱祖国、为国争光的坚定信念，勇于登攀、敢于超越的进取意识，科学求实、严肃认真的工作作风，同舟共济、团结协作的大局观念和淡泊名利、默默奉献的崇高品质。

# 八　华为"以奋斗者为本"和"自我批判"精神

华为技术有限公司（以下简称华为）官网没有企业文化专栏，但是企业简介栏目的三个子栏目"华为是谁""我们给世界带来了什么""我们坚持什么"分别介绍了企业文化和核心理念。其中，在"我们坚持什么"部分这样写道："华为十几万人，29 年坚持聚焦在主航道，抵制一切诱惑；坚持不走捷径，拒绝机会主义，踏踏实实，长期投入，厚积薄发；坚持以客户为中心，以奋斗者为本，长期艰苦奋斗，自我批判。我们不会辜负时代慷慨赋予我们的历史性机遇，为共建更美好的全联接世界，一往无前。"

除此之外，在公司年报栏目，陈列了 2006~2016 年共 11 年的年报。在 2007 年的年报里，有企业"奋斗文化"专栏，介绍了企业"坚持以客户为中心，以奋斗者为本。专注投入、全力以赴的员工永远是华为最宝贵的财富，也是实践围绕客户需求持续创新的动力源泉"的文化。在公司 2009~2011 年三个年报里，专门有一部分介绍了华为的愿景、使命和核心价值观。在 2013 年和 2014 年的年报里，核心价值观再次被强调。简单梳理一下，华为的价值观体系包括愿景、使命、核心价值观。

愿景：丰富人们的沟通和生活。

使命：聚焦客户关注的挑战和压力，提供有竞争力的通信解决方案和服务，持续为客户创造最大价值。

核心价值观：成就客户、艰苦奋斗、自我批判、开放进取、至诚守信、团队合作。

在中国企业 500 强里，华为的企业文化建设启动较早，在国内也具有较大的影响。在《华为基本法》出现以前，社会上就流传着华为的"垫子文化""狼性文化""部队文化"等，由于没有公司公开的相关资料，而且社会各界对这些文化内涵褒贬不一，这些文化内容也逐渐淡出人们视野。真正在企业界引起大家瞩目的是《华为基本法》的出现。《华为基本法》包括六章 103 条，约 16000 字。第一章（公司的宗旨）的第一部分核心价值观部分有七条，构成华为文化理念的核心，具体陈述如下。

（追求）

第一条　华为的追求是在电子信息领域实现顾客的梦想，并依靠点点滴滴、锲而不舍的艰苦追求，使我们成为世界级领先企业。

为了使华为成为世界一流的设备供应商，我们将永不进入信息服务业。通过无依赖的市场压力传递，使内部机制永远处于激活状态。

（员工）

第二条　认真负责和管理有效的员工是华为最大的财富。尊重知识、尊重个性、集体奋斗和不迁就有功的员工，是我们事业可持续成长的内在要求。

（技术）

第三条　广泛吸收世界电子信息领域的最新研究成果，虚心向国内外优秀企业学习，在独立自主的基础上，开放合作地发展领先的核心技术体系，用我们卓越的产品自立于世界通信列强之林。

（精神）

第四条　爱祖国、爱人民、爱事业和爱生活是我们凝聚力的源泉。责任意识、创新精神、敬业精神与团结合作精神是我们企业文化的精髓。实事求是是我们行为的准则。

（利益）

第五条　华为主张在顾客、员工与合作者之间结成利益共同体。努力探索按生产要素分配的内部动力机制。我们决不让雷锋吃亏，奉献者定当得到合理的回报。

（文化）

第六条　资源是会枯竭的，唯有文化才会生生不息。一切工业产品都是人类智慧创造的。华为没有可以依存的自然资源，唯有在人的头脑中挖掘出大油田、大森林、大煤矿……精神是可以转化成物质的，物质文明有利于巩固精神文明。我们坚持以精神文明促进物质文明的方针。

这里的文化，不仅仅包含知识、技术、管理、情操……也包含了一切促进生产力发展的无形因素。

（社会责任）

第七条　华为以产业报国和科教兴国为己任，以公司的发展为所在社区作出贡献。为伟大祖国的繁荣昌盛，为中华民族的振兴，为自己和家人的幸福而不懈努力。

20世纪90年代，华为为制定正式的文化和管理制度，历时两年多，开展了若干内部研讨会和专题会。相较于个别企业对待企业文化建设敷衍了事地走走过场、喊几句口号、贴几张标语的态度和做法，华为确实值得学习。1998年《华为基本法》出现至今已有20年时间，相较于中国500强很多企业近年才完成的文化理念体系，《华为基本法》里对价值观的解释和文字质量仍然值得其他企业学习。

第一，华为的价值观体系一直处于不断调整和演进的过程，但其核心理念未变。成就客户、奋斗者为本、艰苦奋斗这三个核心价值观未变，表述的方式有变化。在这三个核心价值观里面，最为精彩的是"以奋斗者为本"。在企业组织里，员工有不同动机、心态和工作态度，"以人为本"的精神比较广博，需要高层领导反复解释以什么样的人为本，以人的什么需求为本，这不是一个容易讲清楚的哲学话题。以奋斗者为本，不需要太多的解释，看员工的工作绩效就清楚了。但国企不能只注重当前的绩效，还要讲"稳定"，顾全大局。因此，国有企业的性质也决定了它们具有上善若水、海纳百川、厚德载物的优秀品质。

"以奋斗者为本"的价值观是对原先《华为基本法》里关于优秀员工陈述的一个好的提炼，"决不让雷锋吃亏"的陈述吸引了中国大量有才华的年轻人加入华为，让华为始终有大批高质量的新鲜人才注入。在华为价值体系演进的过程中，我们也不难发现，华为在发布《华为基本法》的时期也没有足够自信预见它是一个能够实现理想的公司。如果任正非20年前能够听到马云的"人还是要有理想的，万一实现了呢"，可能今天对价值观的调整和修改会更少。《华为基本法》的"追求"，其实就是公司的愿景。华为在2014~2015年就已经实现了通信行业"世界级领先企业"的追求，因此，后面的愿景才调整为"丰富人们的沟通和生活"。这个愿景的内涵非常深远，有些像企业使命的意义，是华为及其他所有同行业的企业永远追求、没有终点的目标。另外，被调整和删掉的内容就是原先涉及"祖国""人民""产业报国"表述。

华为"开放进取"的核心价值观可以在《华为基本法》第三条里找到，"团队合作"可以在第四条里找到。至于"自我批判"，在《华为基本法》里没有提及。但是，熟悉任正非的人都知道，他曾经在部队里是学习《毛泽东选集》的标兵，对毛泽东思想有深刻的领会和把握。从华为创建之初，任正非就把中国共产党人开民主生活会的传统嵌入企业。公司每季度开例会，一定少不了自我批评。华为的民主生活会就是两个主题：批评和自我批评。据《走出华为》作者汤圣平介绍，每次民主生活会，自我批评的成分要多一些。华为认为，只有具有自我批判精神的人才能够成长。在任正非的多篇文章和内部讲话稿里，都可以看到任正非对自我批判精神的重视，而且强调华为的接班人必须具有自我批判的精神。在华为的内部刊物《华为人》里，任正非发表了两篇专门论述自我批判的文章，在社会上广泛流传的《从自由王国到必然王国》《华为的红旗还能打多久》《华为的冬天》等文章里对自我批判都有相应的论述。任正非所说的"接班人"并非高层领导的继承人，而是泛指所有岗位的继任者，包括新进员工。在华为那篇著名的《告华为新员工书》里，就要求新员工进入华为工作必须具有自我批判的精神，个人才能获得成长。华为的很多员工认为，任正非不仅有高屋建瓴的理论，还有非常接地气的理论。他们把任正非提倡的民主生活会称为"不要脸"的理论，把自我批判的精神称为"不要脸"的精神，因为华为的民主生活会是动真格的。在民主生活会上，每个人不仅要面对领导，还要面对同事，批评别人，批评自己。每个人都得过这关，"不要脸"才会进步。华为作为一家民营企业，它所开展的民主生活会的形式和发扬自我批判精神赢得了广大员工和管理者的支持和欢迎。

第二，华为的文化理念体系并非仅停留在理念层面。《华为基本法》的第四章（基本人力资源政策）里有具体落实如何让奋斗者获得相应回报的管理制度。而且华为持续改进的人力资源绩效系统体现了华为让文化落地的踏实做法。这是企业文化建设的精髓所在，即"说到，做到"或"言行一致"。

# 九　奥克斯集团有限公司的数字概念

　　企业家似乎都很擅长把企业价值观编辑成用数字来说话的方式。其中，奥克斯集团有限公司（以下简称奥克斯）的价值观体系是中国企业 500 强里应用数字概念最多的企业。除了企业的使命、愿景和核心价值观没有用数字，企业一般价值观就让人有些眼花缭乱了。

　　人才理念：

　　"拓荒牛"精神：安下心、上进心、谦虚心、吃苦心、责任心。

　　五要求：忠诚、敬业、责任、协同、专业。

　　五会：会讲、会算、会写、会想、会做。

　　八大素质模型：人际敏感、系统思维、资源整合、团队建设、学习创新、业务能力等。

　　人才评价五维度：业绩论、时间论、问题论、用人论、财富论。

　　管理理念：

　　管理三大导向：战略导向、业绩导向、管理精细导向。

　　管理十大动作：动人、动外协、动组织、动流程、动设备、动工装、动器具等。

　　品质理念：

　　三个百分百：品质百分百、创新百分百、服务百分百。

三分析三不放过：分析问题、分析原因、分析措施；原因未查清不放过、责任未明确不放过、纠正措施未落实不放过。

设计理念：

八个面向：面向消费者、维修者、生产者、运输者、恶劣工况、质量失效等。

四个一线：下基层、到现场、见实物、立即干。

十一大实验方法：机械运输、高低温、湿热、防紫外线、化学、大电流冲击等。

营销理念：四勤、三责任和营销十大要素。

奥克斯的制度文化建设是负有盛名的。在董事长郑坚江的带领下，集团的制度非常完善，覆盖了企业活动的所有内容。早在2001年，已经制定了各种文件2183条9000多款，近75万字。很快，郑坚江发现"制度也是负担"，随后又开始大刀阔斧地实施"瘦身"计划。

# 十  大连万达的价值观体系

大连万达集团股份有限公司（以下简称万达）的企业价值观体系包括四个部分：思想体系、制度体系、主要特点、丰富载体。其中，在思想体系部分，包含核心理念、企业使命和核心价值观三个内容。从整体设计看，万达做到了简单、清晰、结构完整。尤其是它的第三部分"主要特点"，包括敢于创新、坚守诚信、带头环保、关爱员工、注重慈善、做到最好、执行力强、弘扬传统八条。在每个特点下面都有相应的案例数据等说明万达的这些特点，让人比较信服这些特点的真实性，从而有力地强调了万达文化的"真实性"。同时，使用"主要特点"而没有使用"企业精神"或"价值观"等常用术语，避开了这些文化术语的理论纠缠，但又说明了这些精神或者价值观的特点。

但是，万达的思想体系部分，其各项表述既充满个性，又富有争议。首先是核心价值观，人的价值高于物的价值，企业价值高于员工个人价值，社会价值高于企业价值。这三句话很像出自政治经济学劳动价值论的"是非判断题"。按照我们过去答题的经验，凡是没有条件状语的（即没有对后面陈述做条件限制或范围限定）价值判断一般都是错误的表述。万达这几句核心价值观非常适合做辩论赛的主题。其次是企业使命的陈述"共创财富、公益社会"。这个陈述的第一句已经看不出万达所致力的行业领域，第二句话则表露出企业获得财富后，将回报社会的使命和责任。从万达的主要特点里，我们也看到万达在发展的同时也一直注重慈善、回馈社会。最后是万达的核心理念"国际万达、百年企业"，有点像企业愿景。虽然核心理念包括企业愿景，但是仅用这两句话表述核心理念是不够的。

# 参考文献

## 中文部分

[1] 艾德佳·沙因:《组织文化与领导》,陈千玉译,郑伯壎校,五南图书出版有限公司,1996。

[2] 吉尔特·霍夫斯泰德、格特·扬·霍夫斯泰德:《文化与组织:心理软件的力量》(第二版),李原、孙健敏译,中国人民大学出版社,2010。

[3] 吉姆·柯林斯、杰里·波拉斯:《基业长青》,真如译,中信出版社,2005。

[4] 乔安妮·马丁:《组织文化》,沈国华译,上海财经大学出版社,2005。

[5] 曲庆:《中美优秀企业文化陈述的对比研究》,《中国工业经济》2007年第5期。

[6] 汤姆·彼得斯、罗伯特·沃特曼:《追求卓越》,胡玮珊译,中信出版社,2007。

[7] 特伦斯·迪尔、艾伦·肯尼迪:《企业文化:企业生活中的礼仪与仪式》,李原、孙健敏译,中国人民大学出版社,2008。

[8] 忻蓉等:《国有企业的企业文化：对其维度和影响的归纳性分析》，载徐淑英、刘忠明主编《中国企业管理的前沿研究》，北京大学出版社，2004。

[9] 杨中芳:《如何理解中国人》，重庆大学出版社，2009。

[10] 约翰·P. 科特、詹姆斯·L. 赫斯克特:《企业文化与经营业绩》，李晓涛译，中国人民大学出版社，2004。

[11] 张强、李颖昇:《企业价值观体系的架构及要素》，《管理世界》2015 年第 10 期。

[12] 郑伯壎:《组织文化价值观的数量衡鉴》，《中华心理学刊》1990 年第 3 期。

## 英文部分

[1] Argyris,C., "The Executive Mind and Double-Loop Learning ", *Organizational Dynamics* (Autumn1982) :5-22 .

[2] Baker,E.L., "Managing Organizational Culture", *Management Review*(1980):69.

[3] Barley et al., "Cultures of Culture: Academics ,Practitioners and the Pragmatics of Normative Control", *Administrative Science Quarterly* 33 (1988):24-60.

[4] Boje,D.M. et al., "Myth Making: A Qualitative Step in OD Interventions", *Journal of Applied Behavioral Science18* (1982):17-28.

[5] Dyer,W.G., "The Cycle of Cultural Evolution in Organizations", In R.H.Kilmann et al.(eds.), *Gaining Control of the Corporate Culture* (San Francisco: Jossey-Bass. 1985): 446.

[6] Enz,C., "The Role of Value Congruity in Intraorganizational Power", *Administrative Science Quarterly* 33(1988):284-304.

[7] Fernald Jr.,L.W., " Values and Creativity", *Journal of Creative Behavior* (1987):21.

[8] Geheman et al., "Values Work: a Process Study of the Emergence and Performance of Organizational Values Practices", *Academy of Management Journal* (2013):56.

[9] Gregory,K.L., "Native-View Paradigms: Multiple Cultures and Culture Conflicts in Organizations", *Administrative Science Quarterly* 28(1983):359-376.

[10] Guiso et al., "The Value of Corporate Culture", In Press. *Journal of Financial Economics* (2014):2-16.

[11] Harrison,R., "Understanding Your Organizational Character", *Harvard Business Review* (May/June1972):119-128.

[12] Hofstede et al., " Measuring Organizational Cultures: A Qualitative and Quantitative Study Across Twenty Cases", *Administrative Science Quarterly* 35 (1990):286-316.

[13] Kluckhohn,C.K.et al., "Values and Value Orientations in the Theory of Action: An exploration in Definition and Classification", in T Parsons and E.A.Shils(Ed). *Toward a General Theory of Action* (Cambridge,M.A.: Harvard University Press,1951): 388-433.

[14] Lee,T.L., *Using Qualitative Methods in Organizational Research* (Beverly Hills:C.A.:Sage,1999): 14-27.

[15] Nagel,K.F., "Organizational Values and Employee Health Initiatives: Influence on Performance and Functioning", *Dissertation Abstracts International* (1998):60.

[16] O'Reilly et al., "People and Organizational Culture: A Profile Comparison Approach to Assessing Person-Organization Fit", *Academy of Management Journal*34 (1991):487-516.

[17] O'Reilly, C., "Corporations, Culture, and Commitment: Motivation and Social Control in Organizations", *California Management Review*50 (Winter 2008):94-95.

[18] Rokeach,M., *The Nature of Human Values* (New York: The Free Press,1973):146-198.

[19] Rousseau,D., " Quantitative Assessment of Organizational Culture", In B. Schneider (ed.) ,*Frontiers in Industrial and Organizational Psychology (*San Francisco:Jossey-Bass,1990):153-192.

[20] Sackmann,S.A., " Culture and Subcultures: An Analysis of Organizational Knowledge", *Administrative Science Quarterly* 37(1992) :140-161.

[21] Sathe,V., "Some Action Implications of Corporate Culture", *Organizational Dynamics* (Autumn 1983):5-23.

[22] Schein,E.H., "The Role of the Founder in Creating Organizational Culture", *Organizational Dynamics* (Summer 1983) :13-28.

[23] Smircich,L., "Concepts of Culture and Organizational Analysis", *Administrative Science Quarterly* 28(1983): 339-358.

[24] Walter,K.,Values Statements That Augment Corporate Success. *HR Magazine*(1995):40.

[25] Wenstop, F.& Myrmel, A., "Structuring Organizational Value Statements", *Management Research News* 29 (2006): 673-683.

[26] Wiener,Y., "Forms of Value Systems: A Focus on Organizational Effectiveness and Cultural Change and Maintenance", *Academy of Management Review* (1988): 13.

[27] Wilkins,A., "The Culture Audit: A Tool for Understanding Organizations", *Organizational Dynamics* (Autumn 1983): 24-38.

图书在版编目（CIP）数据

企业价值观体系的构建：兼评中国企业500强／张
强著. -- 北京：社会科学文献出版社，2018.8
ISBN 978 - 7 - 5201 - 2969 - 5

Ⅰ.①企…　Ⅱ.①张…　Ⅲ.①企业 - 价值论 - 研究 -
中国　Ⅳ.①F279.23

中国版本图书馆 CIP 数据核字（2018）第 141803 号

## 企业价值观体系的构建：兼评中国企业 500 强

著　　者／张　强

出 版 人／谢寿光
项目统筹／恽　薇　陈凤玲
责任编辑／陈凤玲　李惠惠

出　　版／社会科学文献出版社·经济与管理分社（010）59367226
　　　　　地址：北京市北三环中路甲 29 号院华龙大厦　邮编：100029
　　　　　网址：www.ssap.com.cn
发　　行／市场营销中心（010）59367081　59367018
印　　装／三河市东方印刷有限公司

规　　格／开　本：889mm × 1194mm　1/32
　　　　　印　张：7　字　数：148 千字
版　　次／2018 年 8 月第 1 版　2018 年 8 月第 1 次印刷
书　　号／ISBN 978 - 7 - 5201 - 2969 - 5
定　　价／59.00 元

本书如有印装质量问题，请与读者服务中心（010 - 59367028）联系